Cómo alcanzar una Mentalidad Más Resistente en el Fisicoculturismo utilizando la Meditación:

Alcance su mayor potencial mediante el control de sus pensamientos internos

Por

Joseph Correa

Instructor certificado en meditación

DERECHOS DE AUTOR

© 2016 Finibi Inc

Todos los derechos reservados

La reproducción o traducción total o parcial de este trabajo, más allá de los límites permitidos por la sección 107 o 108 de la Copyright Act de 1976 de los Estados Unidos sin el permiso del propietario del copyright es ilegal.

Esta publicación fue diseñada con el propósito de brindar información precisa y autorizada en relación con la temática tratada. El material se comercializa con el entendimiento de que ni el autor ni el editor se encuentran comprometidos en la prestación de asistencia médica. Si necesita asistencia o asesoramiento médico, consulte con un médico. El presente contenido constituye solo una guía y no debe utilizarse de ninguna manera que pudiera perjudicar su salud. Consulte con un profesional médico antes de comenzar cualquiera de las prácticas de meditación o visualización que se muestran a continuación, con el objeto de asegurarse de que son actividades saludables para ti.

AGRADECIMIENTOS

A mis amigos y familiares que han sabido motivarme siempre para que pueda alcanzar todos mis sueños.

Cómo alcanzar una Mentalidad Más Resistente en el Fisicoculturismo utilizando la Meditación:

Alcance su mayor potencial mediante el control de sus pensamientos internos

Por

Joseph Correa

Instructor certificado en meditación

CONTENIDO

Derechos de autor

Agradecimientos

Información sobre el autor

Introducción

¿Qué es la meditación?

CAPÍTULO 1: ¿CÓMO PODRÁ BENEFICIARTE LA MEDITACIÓN?

¿CAPÍTULO 2: CÓMO PUEDEN BENEFICIARSE LOS DEPORTISTAS POR MEDIO DE LA MEDITACIÓN?

CAPÍTULO 3: LOS MEJORES ESTILOS DE MEDITACIÓN PARA EL FISICOCULTURISMO

CAPÍTULO 4: CÓMO PREPARARSE PARA MEDITAR

CAPÍTULO 5: MEJORAR EL RENDIMIENTO POR MEDIO DE PATRONES DE RESPIRACIÓN, ALGO QUE TODOS LOS ATLETAS DEBEN APRENDDER PARA PODER MEDITAR

CAPÍTULO 6: DIETA Y MEDITACIÓN PARA FISICOCULTURISTAS

CAPÍTULO 7: EL PODER SOBRE EL USO DE VISUALIZACIONES PARA EL FISICOCULTURISMO

CAPÍTULO 8: MEDITAR PARA OBTENER RESULTADOS SUPERIORES EN FORMA TRANSVERSAL

CAPÍTULO 9: MEDITANDO PARA LA FUERZA EMOCIONAL

CAPÍTULO 10: MEDITANDO PARA FORTALEZA MENTAL

CAPÍTULO 11: MEDITAR PARA RESOLVER PROBLEMAS

COMENTARIOS FINALES

OTROS TÍTULOS DEL AUTOR

INFORMACIÓN SOBRE EL AUTOR

Como instructor certificado en meditación, soy un firme creyente en el poder que la mente nos permite aprovechar.

Como he sido un atleta profesional, entiendo lo que pasa por tu mente y cómo los nervios y la presión pueden afectar tu rendimiento.

Los tres principales cambios en mi vida han surgido de la combinación de una rutina de entrenamiento, control de peso y una nutrición básica, mejoramiento de la flexibilidad, **y una mentalidad bien enfocada**, características que han generado un cambio significativo en mi desempeño y en mi vida.

La meditación y la visualización me han ayudado a controlar mis emociones y simular las competiciones en forma vívida antes de que se inicien y sucedan.

Además la suma del yoga y los períodos prolongados de estiramiento, han reducido mis lesiones a casi cero y han mejorado mi reacción y velocidad.

Mejorar mi nutrición me ha permitido continuar desarrollándome en máximo rendimiento, aun en condiciones climáticas difíciles, que en otras condiciones de preparación me podría haber afectado causando calambres y tirones musculares.

Radicalmente, la meditación y la visualización cambiarán absolutamente todo sin importar qué disciplina deportiva te encuentres realizando. Verás lo poderoso que es una vez que pasas más y más tiempo practicando esta disciplina y dedicando un mínimo de 10 minutos al día para respirar, enfocar tus pensamientos y concentrándote.

Mis conocimientos y permanente práctica en la meditación y visualización, me ha ayudado a vivir con mayor salud y fortaleza a lo largo de los años, además de haberme beneficiado en todos los aspectos de la vida. Cuanto más utilizas tu cerebro para desarrollarte a ti mismo y en todo lo que deseas obtener, más desearás continuar con la visualización y la práctica de la meditación.

Desbloquea tu verdadero potencial aprendiendo y practicando la meditación y la visualización a partir de este momento.

INTRODUCCIÓN

La meditación es una de las mejores formas de alcanzar su verdadero potencial.

Comer bien y entrenar son dos de las piezas del rompecabezas, pero necesita la tercera pieza para alcanzar su verdadero máximo de rendimiento. La tercera pieza es dureza mental y puedes obtenerlo a través de la meditación.

Si observa a los atletas que practican meditación regularmente encontrará que son, o poseen:

- Más seguridad durante la competición.
- Estrés reducido.
- Mejor capacidad de concentración durante largos períodos de tiempo.
- Menor fatiga muscular.
- Tiempos más veloces de recuperación después de competir o entrenar.
- Mayor resiliencia.
- Mayor y más equilibrio en el desempeño bajo presión.

¿Qué más se puede pedir como deportista?

Cómo alcanzar una Mentalidad Más Resistente en el Fisicoculturismo utilizando la Meditación

Cuando se considera desbloquear el verdadero potencial, son muchos los atletas que se centran en el aspecto físico y nutricional. Los objetivos de una preparación profesional, a menudo, pasan por alto el potencial interno, capaz de conseguirse a través de prácticas como la meditación y la visualización. Es común ver beneficios o mejoras físicas debido a entrenamientos físicos, pero lo que muchos atletas no saben es que la meditación ha demostrado también, elevar significativamente el rendimiento y la salud física.

Alcanzar su máximo rendimiento requiere de un entrenamiento y estimulación en el ámbito físico y mental.

Si estos puntos no se tienen en cuenta conjuntamente, ocurre lo que a muchos deportistas, a los cuales se les dificulta conseguir un equilibrio dentro de un nivel de profesionalismo superior. Con el fin de dar lo mejor de ti, debes aceptar que el cuerpo y la mente son complementos de una sola cosa, y que trabajándolos conjuntamente lograrás alcanzar tus metas.

La meditación como ejercicio, ayuda a fortalecer tu mente de la misma manera en que impacta positivamente en tu cuerpo, en constante evolución a medida que tú prácticas.

El acondicionamiento físico, la nutrición y meditación son las tres claves para lograr un estado de óptimo rendimiento. La mayoría de los atletas no ponen tanta atención a la meditación como deberían, ya que su preocupación se centra en la apariencia física y en la percepción de otros sobre ellos mismos.

En la meditación los resultados, no son algo que verás físicamente, sino más bien en cómo te sientes y en tu nueva habilidad para controlar tus pensamientos y emociones. Al comenzar tus sesiones de meditación y ser disciplinado y constante, notarás mejoras significativas en cómo respondes ante la ansiedad, la presión y el estrés, tres de los principales problemas en que la mayoría de los atletas tienen inconvenientes de superación, todo intentando alcanzar tu verdadero potencial.

Cambia tu vida y comienza a usar la meditación para sobrepasar tus límites y liberarte.

¿QUÉ ES LA MEDITACIÓN?

La meditación es un estado mental donde puedes reflexionar y pensar sobre un tema con total calma mental. La meditación y el pensamiento normal son dos cosas diferentes. Cuando meditas logras un mejor - y mayor calidad- de tu estado de concentración, un estado donde nada está nublando tu mente, así como tampoco nada interfiere con tus pensamientos.

La meditación requiere más concentración y por eso es tan importante estar en un ambiente libre de distracciones, donde los ruidos externos no interrumpen tu concentración o enfoque.

Tus pensamientos normales o cotidianos pueden durar unos segundos, pero en la meditación esos pensamientos conjuntamente al proceso de relajación se orientan a durar desde 5 minutos hasta el plazo que tú desees.

 Los pensamientos pueden ser muchos pero cuando te encuentras meditando, te híper enfocas en un pensamiento a la vez. A veces, en una meditación puedes centrarte en tener simplemente un estado mental claro y objetivo.

La meditación puede utilizarse para fines religiosos o no, en este libro se utilizará únicamente con fines no religiosos.

Puedes utilizar la meditación en cualquier momento durante el día o la noche cuando sientas que necesitas calmarte y encontrar un estado en el cual conseguir un mayor equilibrio mental.

A medida que avances en la práctica de la meditación te moverás al estado mental correcto con mayor rapidez porque podrás bloquear mejor las distracciones, y esto te permitirá centrar tu mente con mayor agilidad.

En la meditación buscas llegar a un estado de atención sin interferencias negativas, fuera de situaciones de estrés, o cualquier otro factor de interrupción, un estado más fuerte y profundo sobre ideas en las que buscas trabajar.

Para maximizar tu potencial deberás ser capaz de aquietar la mente y dejar cualquier distracción mental, luego tu mente superará cualquier obstáculo que te encuentres en el camino.

Cómo alcanzar una Mentalidad Más Resistente en el Fisicoculturismo utilizando la Meditación

CAPÍTULO 1: ¿CÓMO TE BENEFICIARÁ LA MEDITACIÓN?

Los beneficios de la meditación no son solo físicos, sino mentales, emocionales y espirituales tal como podrás verlo más adelante.

No importa si eres alto, bajo, inteligente, o vas más despacio que el resto; la meditación es para cada una de las personas que desean superarse a sí mismos.

En lo particular encontré esta disciplina desde un camino emocional, la meditación es maravillosa, pero cada persona es diferente y puedes encontrar individualmente qué aspecto de tu vida se beneficiará más que otros.

La meditación ha demostrado ayudar en el control y reducción de la ansiedad, puesto que la ansiedad y el estrés son algunos de los más graves problemas mentales que afectan a los atletas de todo el mundo, y este es un tema importante. La meditación previene la evolución general de estrés y la ansiedad, mejorando la superación de estos problemas y eliminándolos significativamente de nuestras vidas.

De hecho, la meditación es una de las mejores maneras para controlar el estrés y reducir los problemas de salud que surgen de tal afección.

El estrés puede causar falta de sueño y una reducción de los niveles de energía afectando tu actitud, rendimiento en el trabajo, paciencia y tolerancia.

La meditación es uno de las mejores técnicas en torno a controlar el estrés, así que fácilmente puedes comenzar a añadirlo a tu vida y empezar a sentirte más saludable y mejor durante tu día a día.

Beneficios físicos

En la mayoría de los atletas, cada vez que hablan sobre algo que concede beneficios físicos, tienden a pensar en alguna forma de ejercicio físico. Se podría incluir en esto, ejercicios como: correr, hacer bicicleta, natación, caminatas y entrenamiento con pesas. Es común que los ejercicios físicos se vean como una solución para mejorar su salud física, pero estas características positivas pueden provenir de diferentes formas y la meditación lo demuestra.

Algunas de las mejoras físicas que pueden verse después de meditar son:

1. Tu capacidad para reducir el ritmo cardíaco ayudará a controlar mejor tus emociones. El estrés y la ansiedad tienen tendencia a aumentar tu ritmo cardíaco. Ser capaz de controlar esto será muy beneficioso, sobre todo, si te encuentras constantemente bajo presión.

2. Tu capacidad para reducir la presión arterial. Además de bajar tu ritmo cardíaco, la meditación también colaborará con disminuir tu presión arterial. Los niveles de presión arterial alta, equivalen a un riesgo mucho mayor de enfermedades cardiacas y accidentes cerebrovasculares. Hay muchas cosas de la vida cotidiana, especialmente alimentos, que fácilmente aumentan tu presión arterial.

Tener una herramienta poderosa como la meditación de tu lado, te ayudará a superar y prevenir estas afecciones.

3. Tu capacidad para controlar la tensión muscular. Los atletas que tienen los músculos con mayor grado de contracción natural, generalmente son más propensos a desequilibrios musculares y pueden tener frecuentemente desgarros y otras lesiones musculares, mucho más a menudo que las personas que han aprendido a relajar su musculatura.

Los atletas se recuperan mucho más rápido y sienten menor fatiga después de meditar. Cuando se reduce la tensión muscular, los músculos se recuperarán con mejor efectividad y velocidad debido a la mejora de la calidad de descanso que aumentará directamente el rendimiento físico. Pero los atletas que compiten en niveles de elite, no desean pasar por alto este importante beneficio.

4. Tu capacidad de mantener la calma en situaciones estresantes. Ser capaz de controlar tus emociones con mayor comodidad, te ayudará a mantener la calma cuando las cosas no salen como lo planeabas o cuando las situaciones se vuelven mayormente estresantes.

5. Tu mejor enfoque respecto a la ansiedad y el miedo. La mayoría de los atletas encuentra que consigue preocuparse menos y sentir menor grado de temor a hacer cosas luego de haber sido capaces de pensar las situaciones en su mente previamente. Esto mejora tu preparación y te da mayor confianza.

6. Tu capacidad para fortalecer tu sistema inmunológico. Sintiendo menor estrés, menor preocupación, disminuyendo los niveles de presión arterial, y mejorando el tiempo de descanso (en calidad) todo se reflejará en un sistema inmunológico mejorado que ayudará a sentir mayor fortaleza, te notarás más saludable y más enérgico que nunca.

7. Mayor capacidad de recupero después del entrenamiento físico. La meditación puede ayudar a fortalecer el tiempo de respuesta del sistema inmunológico, y esto a su vez colabora en una recuperación más rápida frente a lesiones de tu entrenamiento habitual. Si tu sistema inmune es débil, como normalmente lo es en atletas que se encuentran constantemente bajo presión, en un apuro y seriamente estresado, esto puede hacerte sentir cansado lo que hará más difícil finalizar y superar una sesión de entrenamiento. Mediante la práctica de la meditación sobre una base diaria, notarás un aumento más rápido en tu tasa de recuperación, sintiéndote listo antes y volviendo a entrenar otra vez con más energía.

Estos fueron algunos de los beneficios físicos más comunes que podrás ver y sentir con la práctica de la meditación. Te darás cuenta que meditación requiere de poco o ningún movimiento, pero ciertamente influirá en tu desempeño físico.

Beneficios mentales

Como puedes imaginar, los beneficios mentales y psicológicos de las meditaciones tienden a ser aún más poderosos cuando estos se trabajan permanentemente con una mentalidad y psicología centradas en la práctica.

Algunos de los principales beneficios mentales de la meditación son:

1.   **Mejor enfoque respecto a la ira**. Algunos atletas tienden a enojarse muy fácilmente, a veces sin ninguna razón en absoluto. El primer beneficio mental que se verá es una disminución del nivel de ira y agresión. Por ello es que sentirás mayor control sobre tus emociones. Te resultará menos probable que dejes tus emociones se alejen de lo que buscas para ti. Si eres de aquellas personas que tienden a ser muy agresivas diariamente, puedes utilizar la meditación para calmar estos sentimientos en el preciso momento en que comienzas a sentir que se te escapan de las manos.

2.   **Aumento de la capacidad de concentración**. La meditación puede ayudar a concentrarse por períodos de tiempo más prolongados, y podrás obtenerlo con mayor calidad en la concentración. Este es uno de los mayores beneficios que puedes obtener de la meditación y que no

es un dato menor. Ser capaz de bloquear las distracciones y concentrarse en la tarea puede ser un gran obstáculo que la meditación te ayudará a superar.

3. **Crecimiento de la confianza en sí mismo.** Los atletas que practican regularmente la meditación, a menudo dicen que se sienten más seguros. La confianza en sí mismo proviene de la percepción de poseer un mayor control sobre eventos específicos en tu vida. Cuando tengas mayor autoestima, se reflejará en todo lo que hagas, ya sea que te encuentras interactuando con otros o al tratar de alcanzar tus metas. La meditación puede hacerte sentir fuerte y poderoso.

Para la mayoría de los atletas, la reducción del estrés, es en sí una motivación suficiente para mantenerlos practicando meditación diariamente.

4. **Te sentirás más relajado.** El proceso de respiración cerrando los ojos y su combinación con el pensamiento enfocado, será de ayudará para sentir mayor tranquilidad y relajación.

No nos introduciremos en los beneficios espirituales de la meditación en este libro, pero tú puedes investigar el tema si tienes interés en seguir aprendiendo más acerca de este tema.

¿CAPÍTULO 2: CÓMO PUEDEN BENEFICIARSE LOS ATLETAS DE LA MEDITACIÓN?

La meditación puede utilizarse por los atletas con diferentes motivos: estrés, ansiedad, nervios, concentración, etc. Los atletas pueden beneficiarse de la meditación con observar un ritmo más rápido de recuperación, que resulta fundamental cuando se trata de realizar un esfuerzo para alcanzar la siguiente meta de rendimiento. Las sesiones de entrenamiento serán más intensas y de mayor calidad debido a la mejora del nivel de concentración así como a la reducción de la fatiga en los grupos musculares. Mayoría de los atletas verán una reducción en la tensión nerviosa antes y durante la competencia, que les ayudará a desempeñarse mejor y con mayor confianza.

Una vez que empiezas a practicarla de forma regular encontrarás con que has aumentado la capacidad de concentración y enfoque, sobre todo cuando llegue el momento de actuar bajo presión y bajo condiciones inesperadas. Sin dudas esta mayor capacidad de enfoque te llevará a un mayor nivel de rendimiento.

Los atletas con riesgo de enfermedades cardíacas pueden beneficiarse significativamente de la meditación.

Cómo alcanzar una Mentalidad Más Resistente en el Fisicoculturismo utilizando la Meditación

En la actualidad los médicos, sobre todo deportólogos, aconsejan mayor meditación y menor medicación, lo que es el sentido común para algunos y para otros un cambio rotundo de vida. Simplemente reduciendo la cantidad de estrés al que un atleta se expone a diario, reducirá los niveles de presión arterial y mejorará su competitividad debido a la capacidad de tomar mayor entrenamiento.

Algunos atletas han encontrado que la meditación puede –además- ayudar a controlar el estrés en las comidas, que es un tema muy importante y del cual poco se habla, pero que responde a un factor importante que lleva a muchos deportistas a alejarlos de su máximo rendimiento. Los atletas a menudo encuentran que están más en control de sus vidas después de repetir las sesiones de meditación con buena frecuencia, que reduce el estrés y como un beneficio directo, disminuye el riesgo de enfermedad cardíaca.

La pérdida de peso es un problema común debido a no tener una planificación adecuada y a veces por no ser capaces de seguir los planes nutricionales debido a la falta de disciplina o malos hábitos. La MEDITACIÓN puede realmente ayudar con la disminución de la masa corporal, que sucede frecuentemente debido a una alimentación afectada por el estrés.

Los atletas que intentan romper malos hábitos se encuentran con la dificultad de cambiar sus viejas costumbres y comenzar un nuevo camino. Fumar, beber alcohol, el nerviosismo, el enojo y otros hábitos negativos pueden controlarse mediante la meditación pudiendo reducir antojos e impulsos.

Bajar el ritmo de las cosas utilizando técnicas de respiración para centrarse en superar malos hábitos, la meditación puede ser una técnica poderosa que parece menos evidente, pero debido a los casos de tensión e ira se ha generado un desarrollo con mayor relevancia cuando estas costumbres nocivas resultan recurrentes.

Los atletas que sufren de depresión o ansiedad también de estrés como consecuencia de los dos primeros. Los estados negativos para la salud pueden cambiar drásticamente mediante la práctica de la meditación practicada regularmente. Cuando tú practicas meditación lo notas con mayor facilidad ya que puedes tener más control sobre tu estado de ánimo y en general te sentirás más positivo sobre el futuro. Muchos atletas se preocupan demasiado por el resultado o resultados fallidos, que son irrelevantes para el presente, si se toma el tiempo para maximizar su potencial presente a través de una mejor nutrición y meditación del pasado. Si tu objetivo es controlar tus pensamientos y emociones en mejor forma, encontrarás que meditar ofrece calma y permite que no te sientas abrumado bajo las situaciones agotadoras.

Cómo alcanzar una Mentalidad Más Resistente en el Fisicoculturismo utilizando la Meditación

CAPÍTULO 3: LOS MEJORES TIPOS DE MEDITACIÓN PARA EL FISICOCULTURISMO

Plenitud Mental

Durante la atención plena, los atletas deben intentar de permanecer en el presente en cada pensamiento que actualmente dejan entrar en su mente.

Este tipo de meditación te enseña a tomar conciencia de tus patrones de respiración, pero no debes tratar de cambiar de alguna manera a través de las prácticas de respiración. Esta es una forma más pasiva de meditación en comparación con otras formas más activas de la misma, que requerirán cambiar tus patrones de respiración. Atención plena, es uno de los tipos más comunes de meditación en el mundo y de la que todos los atletas pueden beneficiarse enormemente.

Meditación enfocada

Los atletas que utilizan está meditación dirigen sus pensamientos en una situación específica, emoción u objeto que quieren enfocar y en la que desean encontrar una solución.

Comienza por despejar tu mente de todas las distracciones y luego toma algún tiempo para concentrarte sólo en un sonido, objeto o pensamiento. Te encuentras tratando de concentrarte tanto tiempo como sea posible en este estado de ánimo donde luego puedas redirigir tu concentración a un objetivo que quieres lograr.

Es tu elección si deseas pasar a trabajar a cualquier otro objetivo o pensamiento, o bien puedes mantener ese enfoque inicial en el sonido, objeto o pensamiento que tenías al inicio.

Meditación de movimiento

La meditación de movimiento es otra forma de meditación, que deberías probar también. Este es un tipo de meditación donde te concentras en tus patrones de respiración, el aire en movimiento dentro y fuera de los pulmones, mientras repites y haces fluir los patrones de movimiento (con las manos). Tal vez te sientas incómodo al principio moviendo las manos con los ojos cerrados, pero con el tiempo te darás cuenta que es en realidad muy relajante y te ayudará a mejorar tu salud en general.

La conexión entre cuerpo y mente se optimizará mediante este tipo de meditación, especialmente en personas que tienen problemas para mantenerse quietos y prefieren mantenerse en un movimiento que fluye de forma natural. Estos movimientos deben ser lentos y repetitivos. Cuanto más controlados sean, mejor haciendo movimientos rápidos o violentos desarmaría el beneficio de la meditación.

Las personas que practican yoga, a menudo, encuentran esta forma de meditación como una genial manera de meditar, ya que se asimila a los ejercicios de respiración y movimientos de yoga. Ambos mejoran el control de los pensamientos sobre sí mismo. Para las personas que nunca han hecho yoga antes y sí han realizado meditación en movimiento, notarán que pre calentar con algunos ejercicios de yoga puede, con frecuencia, ayudar a ingresar a la meditación en movimiento más rápido. El objetivo es entrar en un estado meditativo más rápido y el yoga definitivamente te permite hacer esto de una manera natural. Mientras que el yoga se centra más en mejorar la flexibilidad y desarrollar fuerza muscular, la meditación en movimiento está dirigida más hacia un estado mental y en patrones de respiración lenta.

Meditación mantra

La meditación mantra colabora en concentrarse mejor en tus pensamientos y despejar tu mente para maximizar el efecto de la meditación.

Durante la meditación mantra va a citar los mantras una y otra vez durante tu proceso de meditación.

Un mantra puede ser un sonido, frase u oración que se dicen una y otra vez.

No nos centraremos en la meditación espiritual, pero es otro tipo de meditación además de la meditación enfocada, meditación plena, meditación mantra y meditación en movimiento.

Cada persona es diferente, lo que significa que no tienes que usar sólo un tipo de meditación para alcanzar tus metas. Puedes utilizar una o más formas de meditación y en diferente orden.

CAPÍTULO 4: CÓMO PREPARARTE PARA MEDITAR

Una vez que sabes qué tipo de meditación es la que vas a realizar, necesitas saber cómo prepararte para ello.

Asegúrate de que no te apresure a través de tu proceso de meditación, puesto que esto ciertamente reducirá los efectos generales y disminuirá los resultados posibles.

Equipamiento: Coloca una alfombra, manta, toalla o silla dónde vas a meditar.

Algunas personas prefieren usar una toalla (que es una gran opción cuando te encuentras de viaje o fuera de la ciudad), sentarse o acostarse sobre tu espalda en una estera. Otros prefieren sentarse en una silla para tener una posición estable que le ayudará a no caer dormido si se siente muy relajado.

Yo prefiero sentarme en una estera de yoga, que es una posición que creo que me ayuda a concentrarme y relajarme. A veces con pre calentamiento de yoga o estiramiento estático ya tengo listo mi tapete, pero cuando viajo simplemente utilizo una toalla gruesa.

Estar cómodo es muy importante para conseguir el correcto estado de ánimo, así que asegúrate de utilizar el equipo adecuado para empezar.

TIEMPO: Decide cuánto meditaras antes de comenzar

Asegúrate de antemano de decidir por cuánto tiempo vas a meditar y con qué propósito.

Para algo simple como enfocarse en ser positivo y en la respiración, puedes planificar en hacer una sesión corta de unos 5 a 15 minutos de duración. Mientras que si planeas enfocarte en determinado problema y quieres intentar encontrar una solución, tal vez quieras darte tiempo suficiente para descansar primero a través de los patrones de respiración y luego comenzar a concentrarte en soluciones alternativas al problema en cuestión. Esto podría tardar entre 10 minutos a una hora o más dependiendo de tu nivel de experiencia en meditación o puede también depender de cuánto tiempo te lleva lograr un estado relajado de la mente que te permita concentrarte lo suficiente para enfrentar la situación elegida.

Planea sobre el tiempo el tiempo previo, para que puedas prepararte, que te tomará para permanecer en el mismo lugar hasta que termines, sin interrupciones tales como: tener hambre, los niños entrando en la sala, y otras cuestiones, etc. Previamente deberás cuidar y evitar estas posibles distracciones.

Ubicación: Encuentra un espacio limpio, tranquilo y cómodo a meditar.

Encuentra un lugar donde podrás relajarte totalmente y despejar tu mente sin interrupciones. Esto puede ser en cualquier lugar en el que te sientas cómodo y puedas llegar a ese estado de relajación de la mente. Podría ser en el césped en un parque, en casa en tu habitación, en tu cuarto de baño, en una habitación vacía, o solo en tu auto. Esto depende totalmente de ti. Asegúrate de no elegir un lugar donde acostumbres a trabajar o cerca de un teléfono celular que constantemente esté sonando o vibrando. ¡APAGA TU TELÉFONO CELULAR! Es imposible obtener los resultados que quieres de tu meditación, teniendo distracciones constantes y hoy en día los celulares son la fuente principal de distracciones e interrupciones.

Tú eliges el lugar, que básicamente debe tener las siguientes características: debe ser tranquilo, limpio y debe estar a una temperatura fresca (no demasiado caliente como para que te ponga a dormir ni demasiado frío que quieras levantarte y moverte), debe ser alejado de las distracciones.

Preparación: Preparar el cuerpo para meditar

Antes de meditar Asegúrate de hacer lo que tengas que hacer para que tu cuerpo se encuentre relajado y listo. Esto podría ser tomando una ducha, haciendo estiramiento, cambiándote con ropa cómoda, etc.

Asegúrate de comer por lo menos 30 minutos antes de comenzar para que no sientes hambre ni tampoco demasiado lleno. Una comida sin grasas sería ideal para ayudar a prepararte adecuadamente. Entraré más a fondo sobre la importancia de la nutrición en uno de los capítulos siguientes.

CALENTAMIENTO: Hacer Yoga o estirar de antemano para empezar a relajarte.

Para quienes ya han hecho yoga en el pasado, saben cómo puede ser, pero para aquellos de ustedes que no han empezado haciendo yoga, sería un buen momento para comenzar ya que ayudará a que te relajes mejor y consigas calma. No es necesario hacer yoga antes de meditar, pero ayuda a fin de maximizar los efectos y acelerar el proceso de relajación en el correcto estado de ánimo.

El estiramiento es otra buena alternativa como el estiramiento combinado con algunos ejercicios de respiración que te ayudarán a calmarte y sentirse más cómodo.

MENTALIDAD: Hacer una respiración profunda para iniciar a conseguir quietud.

La respiración es fácil pero practicar respiración lleva más tiempo. Son muchos los beneficios de practicar técnicas de respiración.

La mayoría de los atletas logran recuperarse más rápido después de momentos intensos. También notarás que son capaces de concentrarse aun cuando se encuentren sin aliento. ¡LOS ATLETAS NECESITAN APRENDER A RESPIRAR!, necesitan centrarse en el movimiento de aire dentro y fuera de los pulmones, prestar atención a cómo el cuerpo se expande y se contrae. Oír y sentir el aire entrar y salir de tu nariz y boca, te ayudará a sentirte más relajado y es lo adecuado para centrarse en la respiración. Cada vez que inhales y luego exhales intenta concentrarte en entrar en un estado de relajación profunda y más profunda. Cada vez que el oxígeno llene los pulmones tu cuerpo se sentirá más energizado y lleno de emociones positivas.

Ambiente: Añadir música meditativa o de relajación de fondo, sólo si no llega a ser una distracción.

Si la música de meditación es de ayuda para que ingreses en un estado de relajación, por todos los medios intenta incluirla en tu sesión de meditación. Todo y cualquier cosa que te ayude a conseguir un mayor enfoque y estado de relajación debe ser utilizado, incluyendo la música.

Si sientes que eres capaz de despejar tu mente mejor sin sonidos o música, entonces simplemente no lo hagas.

Normalmente no añado música, simplemente porque encontré que la música me lleva en otras direcciones que no siempre quiero ir ya que la música me recuerda a otros pensamientos e ideas. Así soy yo, pero tal vez la música es adecuada para ti. Prueba ambas opciones para ver lo que te funciona mejor. Algunos atletas prefieren escuchar música antes de competir ya que sienten que les relaja o se ponen de buen humor. Encuentra lo que funciona para ti y aférrate a ello.

POSICIONES DE MEDITACIÓN

Cuando se trata de meditar, las posiciones básicamente dependerán de ti. No hay ninguna posición correcta o incorrecta, sino una que te predispone a un mejor estado para meditar. Para algunas personas estar sentadas en una silla es genial por el respaldo, mientras que otros prefieren estar más cerca del suelo y se decidirán a sentarse en una toalla.

Para las personas que son menos flexibles la posición de loto puede ser algo que quizá quieras dejar de lado o esperar para probar si te sientes incómodo sosteniendo la posición durante un largo periodo de tiempo. Nuevamente, asegúrate de que puedas permanecer en la misma posición durante el período de tiempo que planeas meditar, o bien elige otra posición.

Posición sentada

Para la posición sentada, simplemente encuentra una silla en la que te sientes y permita concentrarte sin sentir incomodidad o demasiada relajación como para sentir sueño.

Asegúrate de que la espalda esté recta cuando te encuentres sentado y que puedas tocar con tus pies el piso, ya que no quieres terminar tu sesión de meditación con dolor de espalda. Algunas personas prefieren añadir una almohada suave en su silla para que se sienta más cómodo.

Arrodillado en el piso

Quítate los zapatos y calcetines si deseas y te arrodillas en el suelo. Intenta que las rodillas queden encima de una alfombra suave o toalla doblada para tener los dedos apuntando detrás de ti, y tus caderas directamente sobre sus talones. La espalda debe estar recta y relajada como para permitir que los pulmones puedan expandirse y contraerse el tiempo que sea necesario. Para crear una conexión fuerte a través de la respiración, el aire tiene que entrar o salir de los pulmones en un movimiento fluido y cómodo.

Posición birmana

La posición birmana es similar a la posición de estiramiento mariposa pero con un cambio en la postura de los pies. Siéntate en el suelo y abre las piernas, luego dobla tus rodillas, mientras tus pies quedan hacia el interior de tus piernas.

Debe ser un pie delante del otro. En esta posición intenta mantener tus rodillas hacia abajo lo más bajo posible. Si te sientes incómodo elige otra posición, ya que hay muchas opciones. Las manos deben estar a los lados o juntas en una posición entrelazando los dedos. La espalda debe estar recta y tu frente inclinada ligeramente hacia arriba y adelante para permitirte tomar aire y soltarlo de manera plena y completa.

Esto es una posición de meditación avanzada así que no es necesario empezar con ella, a menos que te sientes totalmente relajado en con esta postura.

Posición de loto

La posición de loto es muy similar a la posición birmana, pero con una pequeña alteración. Necesitarás traer los pies sobre los muslos mientras está en una posición birmana. Las manos deben estar a los lados o juntas en una posición en la que se entrelacen los dedos.

Mis rodillas se sienten incómodas en esta posición por ello es que no la uso para mis sesiones de meditación, pero eres libre de probarla mientras no te cause molestias. No quieres que el dolor se sienta alejándote de tu meta de respiración centrada, y toda tu atención y calma.

 Si no te gusta esta posición, simplemente elige otra.

Posición fija

Recuéstate sobre la estera, toalla o frazada y relaja sus manos y pies. Las manos deben permanecer en los lados y los pies apuntando hacia arriba o hacia el exterior. Las manos pueden colocarse boca abajo, suavemente pero igualmente conservando la posición a los lados. La cabeza tiene que quedarse mirando el techo o el cielo. Si tienes inclinación hacia un lado u otro, esto no te dejará concentrar durante largos períodos de tiempo y podría incluso dejarte con cierta tensión del cuello. Esta es una gran posición para meditar (cuando se hace correctamente), siempre y cuando no te duermas. Si este es tu problema, simplemente escoge otra posición.

Posición de la mariposa

En esta posición necesitarás sentarse en tu alfombra o toalla, abre tus piernas y luego reúne a tus pies para que la parte inferior de cada uno se enfrente al otro.

Las rodillas podrían quedar hacia arriba o pueden estar apoyadas en el suelo, esto no importa como si te sientes cómodo y puedas relajarte en esta posición.

Asegúrate de que tu columna esté recta y equilibrada.

CAPÍTULO 5: PATRONES DE RESPIRACIÓN QUE MEJORAN EL RENDIMIENTO Y TODOS LOS ATLETAS DEBERÍAN APRENDER PARA MEDITAR

Los patrones de respiración son la clave para establecer el ritmo de tu sesión de meditación, y también para entrar en un estado concentrado muy activa.

Para la forma de conciencia plena de mediación te mantendrás concentrado pero querrás tener mayor consciente de tu respiración. Tu objetivo no debe estar en el control de la respiración, sino simplemente en sentir el aire que va a los pulmones y luego hacia tu entorno. La respiración el proceso interna y externa debe hacerse sólo a través de la nariz para este tipo específico de meditación, pero no debe utilizarse para las otras formas de meditación.

Para los restantes tipos de meditación, deberá prestar atención a los patrones de respiración y dirigirlos a través de su sesión. Todos los patrones de respiración deben ser realizados por inhalación a través de la nariz y salga por la boca (excepto cuando realices meditación de atención plena).

Para entrar en un buen estado meditativo, tu ritmo cardíaco necesita caer y para hacer esto, será esencial la respiración. Los patrones que utilizas facilitarán este proceso ayudándote a alcanzar niveles más altos de concentración. Con la práctica, estos patrones de respiración se convertirán en una segunda naturaleza para ti. Es importante decidir previamente si los patrones de respiración lenta te resultan mejores, o si los patrones de respiración rápida son los que tú necesitas. Patrones de respiración lenta relajan, mientras que los de respiración rápida revitalizan.

PATRONES DE RESPIRACIÓN LENTA

Con el objetivo de bajar tu respiración deberás tomar aire lentamente y por un largo periodo de tiempo y luego suéltalo lentamente también. Para los atletas, este tipo de respiración es bueno para relajarse después de un entrenamiento o una hora antes de la competencia. Diferentes cantidades de aire entrando y saliendo impactan en tu relajación y modifican tu capacidad para encontrar un nivel óptimo de meditación.

Patrón de respiración lenta normal: comienzo tomando aire por la nariz lentamente y contando hasta 5. Luego, suelto lentamente contando hacia atrás de 5 a 1.

Debes repetir este proceso de 4 a 10 veces hasta que te sientas totalmente relajado y listo para enfocarte. Los atletas deben centrarse en la respiración por la nariz y hacia fuera a través de la boca para este tipo de patrón de respiración.

Patrón de respiración lenta extendida: comienzo tomando aire por la nariz lentamente y contando hasta 7. Luego, suelto lentamente en cuenta regresiva de 7 a 1 mientras exhalo hacia fuera a través de la boca. Debes repetir este proceso de 4 a 6 veces hasta que te sientes totalmente relajado y listo para enfocar.

Respiración lenta patrón para atletas hiperactivos: comienzo tomando aire por la nariz lentamente y contando hasta 3. Luego, suelto lentamente en cuenta regresiva de 6 a 1 al exhalar hacia fuera a través de la boca. Debes repetir este proceso de 4 a 6 veces hasta que te sientas relajado y listo para enfocarte. Este patrón te obligará a frenar completamente. La última repetición de esta secuencia debe terminar en 4 segundos y 4 segundos para estabilizar su respiración.

Patrón de respiración ultra lento: Comience por tomar aire por la nariz lentamente y contando hasta 4. Luego, suelte lentamente en cuenta regresiva de 10 a 1 mientras exhalo hacia fuera a través de la boca.

Debes repetir este proceso de 4 a 6 veces hasta que te sientas totalmente relajado y listo para meditar. Este patrón te obligará a disminuir gradualmente. Las 2 últimas repeticiones de esta secuencia deben terminar con 4 segundos y 4 segundos para estabilizar su respiración y equilibrar el aire dentro y fuera de proporción.

Estabilización de patrones de respiración antes de meditar: esto es un buen tipo de patrón de respiración que debe ser usado si sientes que ya te encuentras tranquilo y listo para empezar inmediatamente a meditar. Empieza por tomar aire por la nariz lentamente y a contar hasta 3. Luego, suelta lentamente en cuenta regresiva de 3 a 1. Debes repetir este proceso de 7 a 10 veces hasta que te sientes totalmente relajado y listo para enfocarte. Los atletas deben centrarse en la respiración por la nariz y hacia fuera a través de la boca para este tipo de patrón de respiración.

PATRONES DE RESPIRACIÓN RÁPIDA. Patrones de respiración rápida son muy importantes para los atletas con el fin de obtener energía y alistarse para competir. Aunque este tipo de patrón de respiración es más eficaz al visualizar, será igualmente útil para meditar.

Para los atletas que son muy tranquilos y necesitan sentirse más en control de su mente, podrían utilizarse estos patrones para preparar la meditación.

Patrón de respiración rápida normal: comienzo tomando aire por la nariz lentamente y contando hasta 5. Luego, suelto lentamente en cuenta regresiva de 3 a 1. Debes repetir este proceso de 6 a 10 veces hasta que te sientas totalmente relajado y listo para meditar. Los atletas deben centrarse en la respiración por la nariz y hacia fuera a través de la boca para este tipo de patrón de respiración.

Patrón de respiración rápida prolongada: comienzo tomando aire por la nariz lentamente y contando hasta 10. Luego, suelto lentamente en cuenta regresiva de 5 a 1 al exhalar hacia fuera a través de la boca. Debes repetir este proceso 5 o 6 veces hasta que te sientas totalmente relajado. Si tienes problemas para llegar a 10 al principio, simplemente baje la cuenta a 7 u 8. Centrarse la respiración por la nariz y que salga por la boca.

Patrón de respiración rápida pre-competición: comienzo tomando aire por la nariz lentamente y contando hasta 6. Luego, suelto rápidamente en un suspiro mientras exhalo hacia afuera a través de la boca.

Debería repetir este proceso 5 o 6 veces hasta que te sientas totalmente relajado y listo para enfocarte. Puedes agregar 2 repeticiones a esta secuencia con 4 segundos y 4 segundos hacia fuera para estabilizar tu respiración y equilibrar proporcionalmente el aire dentro y fuera.

Todos estos tipos de patrones de respiración mejoran el rendimiento y pueden ser utilizados durante la competición dependiendo de tu nivel de energía o nerviosismo.

Para los atletas que se ponen nerviosos antes de la competencia, deben utilizar patrones de respiración lenta.

Para los atletas que necesitan obtener energía antes de la competencia, deben utilizar los patrones de respiración rápida.

En caso de ansiedad, una combinación de patrones de respiración lenta seguida de patrones de respiración rápida te dará resultados óptimos.

Durante las sesiones de entrenamiento o competencia cuando se siente cansado o sin aliento usar el patrón de respiración normal, respiración rápida para ayudar a recuperarse con facilidad.

Los patrones de respiración son una gran manera para controlar tus niveles e intensidad de ánimo y rendimiento, al mismo tiempo que te permite ahorrar energía y recuperarte con mayor velocidad.

CAPÍTULO 6: DIETA Y MEDITACIÓN PARA FISICOCULTURISTAS

Para obtener los mejores resultados de meditación, una buena dieta balanceada será necesaria. La meditación es parte de un objetivo colectivo de superarse, y una nutrición adecuada ayudará a alcanzar este objetivo. Comer bien equivale a tener más energía y por largos períodos de tiempo. Esto a su vez afecta tu capacidad para concentrarse durante períodos de tiempo prolongados. Proteínas magras, ácidos grasos, omega, verduras y legumbres, y agua son los mejores alimentos pre meditación y deben consumirse en cantidades apropiadas dependiendo de tus necesidades calóricas.

Tener demasiada azúcar en el torrente sanguíneo te obligará a dormir antes, durante o después de meditar y lo mismo sucederá en la competencia, los azucares refinados no son el camino. Evitar comidas abundantes que podrían hacerte sentir demasiado lleno y te hará abandonar la meditación para ponerte a dormir. Las comidas que son demasiado pequeñas te darán hambre muy pronto y acortará tus sesiones de meditación impidiéndote maximizar los resultados.

Comer 60-75 minutos antes de la meditación te dará tiempo más que suficiente para digerir y estar listo para meditar correctamente.

Proteínas magras

Las proteínas magras son muy importantes para desarrollar y reparar el tejido muscular. Las mismas que también ayudan a normalizar las concentraciones de la hormona en el cuerpo que te permite controlar tu estado de ánimo, así como tu temperamento. Algunas de las mejores proteínas magras que puedes tener son:

-Pechuga de pavo (todo natural si es posible).

-Magra carne roja (todo natural).

-Claras de huevo

-Más productos lácteos.

-Pechuga de pollo (todo natural).

-Quinua

-Frutos secos (todas las variedades)

Ácidos grasos Omega

Ácidos grasos Omega son fáciles de obtener y muy importantes para las funciones de tu cuerpo, especialmente para el cerebro. Ácidos grasos Omega se encuentran comúnmente en:

-Salmon (preferiblemente salvaje, no cultivado)

-Las nueces (bocadillo fácil de transportar)

-Semillas de lino (mezclarlos con cualquier batido)

-Sardinas

Notará que tu cerebro funciona mejor, así como un aumento de salud general. Tu sistema inmunitario también recibirá más fuerza, la misma que reducirá las probabilidades de desarrollar cáncer, diabetes, y problemas relacionados con otras afecciones salud.

Verduras y legumbres

Las verduras y legumbres no reciben la suficiente importancia. Encontrar un vegetal al que disfrutes de comer y que puedas incluirlo en tu dieta. Un pago anticipado por un beneficio que recibirás con los años. Cuando escuchas a gente hablando de lo importante que es tener una dieta equilibrada, también se refieren a las verduras. Algunas de las mejores verduras y legumbres para incluir en tus comidas diarias son:

-Tomates

-Zanahorias

-Remolacha

-Kale

-Espinacas

-Col

-Perejil

-Brócoli

-Coles de Bruselas

-Lechuga

-Rábano

-Pimiento rojo y amarillo verde,

-Pepino

-Berenjena

-Aguacate

Asegurándote de que tienes una gran variedad de colores puedes estar tranquilo de que tienes diferentes vitaminas y minerales.

Frutas

Las frutas también contienen una gran cantidad de vitaminas necesarias para que tu cuerpo funcione en su máxima capacidad. Los antioxidantes ayudan a tu cuerpo a recuperarse más rápido, por lo que resultan extremadamente importantes para los atletas. Asegúrate de comer muchas frutas que son altas en antioxidantes, después de cada entrenamiento o competencia. Las frutas proporcionan una fuente importante de fibra dietética que permite procesar alimentos en manera más fácil. Algunas de las mejores frutas para incluir en su dieta previa meditación son:

-Manzanas (verde y roja)

-Naranjas

-Uvas (rojas y verdes)

-Bananas

-Pomelo (un poco amargo pero lleno de antioxidantes)

-Limones y limas (en forma de jugo mezclado con agua. A menudo pido agua y algunas rodajas de limón cuando salgo a comer ya que estos son maravillosos antioxidantes también).

-Cerezas (natural, no el cubierto con azúcar).

-Mandarinas

-Sandía

-Melón

Agua

Agua es frecuentemente pasado por alto y la mayoría de la gente no bebe lo suficiente. Leche y jugos de fruta no deben ser contados al considerar cuántos vasos de agua al día es que tomas. Dependiendo de la cantidad de entrenamiento cardiovascular que haces, esto puede ser más de la sugerencia promedio. La mayoría de la gente debe beber como mínimo 8 vasos de agua al día, pero la mayoría de los atletas deben beber 10 -14 vasos de agua.

Desde que comencé a llevar mi galón de agua soy capaz de llegar a mi meta de "1 galón al día" de agua, lo cual ha mejorado notablemente mi salud.

Algunos de los beneficios que he comprendido y que la mayoría nota también, son:

-Los dolores de cabeza disminuyen o desaparecen (el cerebro se hidrata con mayor comodidad)

-Mejora la digestión.

-Disminuye la fatiga durante el día.

-Más energía en la mañana.

-Menor cantidad de arrugas visibles.

-Disminuyen los calambres. (Esto es un problema común para muchos atletas).

-Mejor concentración (esto te beneficiará mucho al meditar).

-Disminución del deseo de dulces y refrigerios entre las comidas.

Cómo alcanzar una Mentalidad Más Resistente en el Fisicoculturismo utilizando la Meditación

RECETAS PARA LAS COMIDAS PREVIAS A LAS SESIONES DE MEDITACIÓN

Estos son algunos ejemplos de recetas de comidas magras para los atletas, y que puede agregar a tu dieta pre-meditación. Se pueden adaptar, sin embargo, respecto al tamaño de las porciones y el gusto de los ingredientes utilizados.

SI MEDITAS DESPUÉS DEL DESAYUNO

1. Guía desayuno

Coloca su cuerpo con excelente estado y en línea de una musculación fuerte, con este desayuno alto en proteínas y carbohidratos cocinados en horno. La toronja y espárragos

Ingredientes (1 porción):

6 claras de huevo

½ taza de mezcla de quínoa y arroz integral cocido

3 espárragos en rodajas

½ pomelo rosado

1 pimiento rojo pequeño, rebanado

Polvo de proteína de suero de leche sabor 1 cucharada

1 diente de ajo, machacado

Spray de aceite de oliva

Pimienta, sal

Tiempo de preparación: 10 minutos

El tiempo de cocción: 15-20 min

Preparación:

Calienta el horno a 200 ºC ventilador / gas 6. Rocía una sartén de hierro fundido con aceite de oliva.

En un tazón mediano, bate las claras de huevo con una pizca de sal y pimienta hasta espumosa.

Añade el arroz cocido y quinua a la sartén; Vierte las claras de huevo y luego los trozos de espárragos y las rodajas de pimiento.

Lleva al horno durante 15-20 min o hasta que los huevos estén cocidos.

Valores nutricionales por porción: 407kcal, 52g proteína, 40g carbohidratos (5g fibras, 8g azúcar), 2g grasas, 15% calcio, 12% iron, 19% magnesio, 26% vitamina A, 63% vitamina C, 48% vitamina K, 12% vitamina B1, 69% vitamina B2, 26% vitamina B9.

2. Tazón completo

Un desayuno con un nombre muy apropiado, el tazón de energía es una combinación alta en proteína de huevo y con energía (combustible) avena. Las nueces añade grasas saludables y la miel todo lo remata con un poco de dulzura.

Ingredientes (1 porción):

6 claras de huevo

½ taza de avena instantánea, cocida

1/8 taza de nueces

¼ de taza de bayas

1 cucharadita de miel cruda

Canela

Tiempo de preparación: 10 minutos

El tiempo de cocción: 5 min

Preparación:

Bate las claras de huevo hasta que queden espumosas y luego cocina en una sartén a fuego lento.

Combina la harina de avena y las claras de huevo en un tazón; agrega la canela y la miel cruda, y mezcla.

Cubre con fresas, plátano y nueces.

Valor nutricional por porción: 344kcal, 30g de proteínas, 33g carbohidratos (fibra 3g, 23g de azúcar), 11g de grasa (saturada 2), 10% de hierro, magnesio 15%, 10% vitamina B1, 11% vitamina B2, 15% vitamina B5.

3. Atún relleno con pimientos

Esta es una receta rápida y nutritiva que proporciona una enorme cantidad de B12. Alto en proteína, el atún, es una opción excelente para la construcción de músculo, y si deseas agregar algunos carbohidratos en tu comida, un pedazo de pan de trigo entero es una gran opción.

Ingredientes (2 porciones):

2 latas de atún en agua (185g), mitad drenado

3 huevos duros

1 cebollita, finamente picada

5 pepinillos pequeños, picados

Sal, pimienta

4 pimientos, reducido a la mitad, con la semilla limpiada

Tiempo de preparación: 5 min

El tiempo de cocción: 10 min

Preparación:

Combina el atún, huevos, cebollita, pepinillos y aderezo en un procesador de alimentos y mezcla hasta que esté suave.

Rellena las mitades de los pimientos con la composición y sirve.

Valor nutricional por porción: 480kcal, 46g de proteína, 16g de grasa (4g saturada), carbohidratos 8g (fibra 2g, 4g de azúcar), 28% magnesio, 94% vitamina A, 400% vitamina C, 12% vitamina E, 67% 18% vitamina B1, vitamina K, 90% vitamina B3, 20% vitamina B5, vitamina B6 de 56%, 18% vitamina B9, vitamina B12 284%, 32% vitamina B2.

4. Yogur griego con manzana y semillas de lino

Un aperitivo fuera de los tradicionales huevos para construcción de la musculatura, cambia por un desayuno de alto valor proteico con yogur con sabor a manzana. Usar semillas de linaza enteras para maximizar la ingesta de fibra y mantenerlas en agua durante la noche para que resulten suave y fácilmente digerible.

Ingredientes (1 porción):

1 taza de yogur griego

1 manzana, finamente rebanada

2 cucharadas de linaza

¼ de cucharadita de canela

1 cucharadita de Stevia

Una pizca de sal

Tiempo de preparación: 5 min

El tiempo de cocción: 45 min

Preparación:

Precalienta el horno a 190ºC modo fan / gas 5. Coloca las rebanadas de manzana en una sartén antiadherente, espolvoréalas con canela, Stevia y una pizca de sal, cúbrelas y lleva al horno por 45 min / hasta que estén tiernas. Quita del horno y Déjalas enfriar durante 30 minutos.

Coloca el yogur griego en un tazón y cúbrelas con manzanas y semillas de lino, y quedará el plato listo para servir.

Valor nutricional por porción: 422kcal, 22g de proteínas, 39g carbohidratos (fibra 7g, 22 g de azúcar), 21g de grasa (8 g saturada), 14% calcio, 22% magnesio, 14% vitamina C, vitamina B1 de 24%, 13% vitamina B12.

5. Anillos de pimientos con 'Fit Grits'

Una sabrosa y especial comida, los anillos de pimientos con el combustible de los 'Fit Grits' le darán a tus músculos la suficiente energía para poder atravesar tu día. Un plato lleno de color y con nutrientes, este desayuno es alto en vitamina B1.

Ingredientes (1 porción):

6 claras de huevo

2 huevos

¼ taza de harina de arroz

1 taza de espinaca cruda

½ pimiento verde

1 taza de tomates cherry

Spray de aceite de oliva

Sal, pimienta

Tiempo de preparación: 10 minutos

El tiempo de cocción: 15 min

Preparación:

Bate las claras de huevo con una pizca de sal y pimienta hasta que queden espumosas. Calienta el aceite en una sartén antiadherente y cocina las claras de huevo y la harina. Agrega la espinaca, mezcla y cocina hasta que se ablande la espinaca.

Rocía ligeramente una sartén con aceite de oliva y ponlo a fuego medio. Corta los pimientos horizontalmente para crear dos anillos, colócalos en la sartén y rompe los huevos dentro del molde que forman los pimientos. Déjelos cocinar hasta que los huevos se vean blancos.

Coloca la mezcla de huevo-harina y los aros de pimiento ya cocidos sobre un plato y sirve con tomates cherry.

Valor nutricional por porción: 495kcal, 45g de proteínas, carbohidratos 45g (fibra 3g, 7g de azúcar), 11g de grasa (3g saturada), 9% calcio, 14% de hierro, magnesio 20%, 35% vitamina A, 32% vitamina C, 91% vitamina B2, vitamina B5 de 22%, 12% vitamina B6, vitamina B12 15%.

6. Malteada de leche de almendra

10 minutos es todo lo que necesitas para arreglar este batido de leche de almendras con alto contenido en vitamina D y B1. Puedes conservar esta bebida y mantenerla en el congelador convirtiendo a este batido en una opción perfecta para un desayuno rápido y siempre listo para servir.

Ingredientes (2 servir):

1 taza de leche de almendra

1 taza de bayas mezcladas congeladas

1 taza de espinaca

1 cucharada de polvo de proteína de plátano con sabor a (elige tu sabor)

1 cucharada semillas de chía

Tiempo de preparación: 10 minutos

Sin cocción

Preparación:

Mezcla todos los ingredientes en una licuadora hasta que quede una preparación suave, vierte en dos vasos y sirve.

Valor nutricional por porción: 295kcal, 26g de proteína, carbohidratos 32g (4g de fibra, 13g de azúcar), 9g de grasa, 40% calcio, 20% de hierro, magnesio 12%, 50% vitamina A, 40% vitamina C, 25% 57% vitamina D vitamina E, vitamina B1 213%, 18% vitamina B9.

7. Pastel proteico de panqueques de calabazas.

Olvídate de las harinas y prueba con hojuelas de avena y un delicioso complemento de calabaza fresca. Vierte un jarabe sin calorías y disfruta de un desayuno alto en proteínas que sabe tan bien como una comida no permitida.

Ingredientes (1 porción):

1/3 taza de avena tradicional

¼ de taza de calabaza

½ taza de claras de huevo

1 cucharada polvo de proteína de canela

½ cucharadita de canela

Spray de aceite de oliva

Tiempo de preparación: 5 min

El tiempo de cocción: 5 min

Preparación:

Mezcla todos los ingredientes juntos en un recipiente. Rocía una sartén mediana con aceite de oliva y luego ponla a fuego medio.

Vierte la mezcla y cuando veas aparecer pequeñas burbujas en la parte superior de la crepe, voltéala. Cuando cada lado esté dorado, retirar el panqueque y sírvela.

Valor nutricional por porción: 335kcal, 39g de proteínas, carbohidratos 37g (6g de fibra, 1 g de azúcar), 6g de grasa, 14% calcio, hierro 15%, 26% magnesio, 60% vitamina A, vitamina B1 de 26%, 37% vitamina B2, vitamina B5, de 10% 31% vitamina B6.

8. Avena proteica

Una ración abundante de carbohidratos que te mantendrá saciado por horas, mientras que la proteína en polvo y las almendras te entregarán un comienzo lleno de día lleno de energía. Si lo prefieres de avena con un sabor frutado, utiliza la proteína en polvo con sabor a banana.

Ingredientes (1 porción):

2 paquetes de avena instantánea (paquete de 28g)

¼ de taza almendra molida

1 cucharada de polvo de proteína de suero de leche con sabor a vainilla

1 cucharada de canela

Tiempo de preparación: 5 min

El tiempo de cocción: 5 min

Preparación:

Vierte la avena instantánea en un tazón, mézclala con la proteína en polvo y la canela. Agrega agua caliente y mezcla nuevamente. Corona con almendras machacadas y sirve.

Valor nutricional por porción: 436kcal, 33g de proteínas, carbohidratos 45g (10g de fibra, 4g de azúcar), 15g de grasa (1g saturada), 17% calcio, 19% de hierro, magnesio 37%, 44% vitamina E, 21% vitamina B1, 21% vitamina B2.

9. Scramble lleno de proteína

Alimenta tu musculatura y fortalece un entrenamiento intenso con esta comida con la proteína g 51. Estos revueltos de claras de huevo con verduras y salchichas de pavo tienen el valor añadido de ser preparado con hidratos de carbono y en general altas cantidades de vitaminas.

Ingredientes (1 porción):

8 claras de huevo

2 enlace salchichas de pavo, picados

1 cebolla grande, picada

1 taza, pimientos rojos picados en cuadritos

2 tomates, picados

2 tazas de espinaca cruda, picada

1 cucharadita de aceite de oliva

Sal y pimienta

Tiempo de preparación: 10 minutos

El tiempo de cocción: 10-15 min.

Preparación:

Bate las claras de huevo con una pizca de sal y pimienta hasta que quede espumosa, luego retíralas.

Calienta el aceite en una sartén antiadherente grande, rocíala con las cebollas y pimientos y saltéalos hasta que estén tiernos. Sazonar con sal y pimienta. Cocina la salchicha de pavo hasta que se dore y luego baja el fuego y añade las claras de huevo y el scramble.

Cuando los huevos estén casi hechos, añade también el tomate y la espinaca, cocina por 2 minutos más y sírvelo.

Valor nutricional por porción: 475kcal, 51g de proteínas, carbohidratos 37g (10g de fibra, 18g de azúcar), 10g de grasa (2g saturado), 14% calcio, hierro del 23%, 37% magnesio, 255% vitamina A, 516% 25% vitamina C vitamina E, 397% vitamina K, 22% vitamina B1, vitamina B2 112%, 29% vitamina B3, 19% vitamina B5, 51% vitamina B6, 65% vitamina B9.

10. Batido muz de frutas y maní

¿Qué mejor manera de obtener tu diaria de calcio que con este batido con sabor a fresa? Posee alto contenido de minerales, vitaminas, proteínas y carbohidratos, como combustible energético, este licuado es una manera perfecta de comenzar tu día.

Ingredientes (1 porción):

15 fresas medianas

1 1/3 cucharadas de mantequilla de maní

85g Tofú

½ taza Yogur descremado gratis

¾ taza de leche descremada

1 cucharada de proteína en polvo

8 cubitos de hielo

Tiempo de preparación: 5min

Sin cocción.

Preparación:

Vierte la leche en la licuadora, luego el yogurt y el resto de los ingredientes. Licúa hasta que la mezcla esté completamente integrada y espumosa. Vierte en un vaso y sírvelo.

Valor nutricional por porción: 472kcal, 45g de proteínas, carbohidratos 40g (6g de fibra, 31g de azúcar), 13g de grasa (4g saturada), 110% calcio, 35% de hierro, magnesio 27%, 30% vitamina A, 190% 11% vitamina C vitamina E, 13% vitamina B1, vitamina B2 24%, 10% vitamina B5, vitamina B6 18%, 17% vitamina B9, vitamina B12 12%.

11. Muffins o magdalenas de proteína de suero de leche

Con una buena dosis de avena y una porción de polvo de proteína de suero de leche y chocolate, estos muffins son un gran desayuno alternativo para regular la ingesta de avena. Con un vaso de leche, esta comida te asegurará de que tengas una buena cantidad de calcio y vitamina D para acompañar las buenas proteínas y los carbohidratos saludables.

Ingredientes (4 magdalenas-2 porciones):

1 taza de avena arrollada

1 huevo entero grande

5 claras de huevo grandes

½ cucharada de polvo de proteína de suero de leche chocolate

Spray de aceite de oliva

2 tazas de leche baja en grasa, para servir

Tiempo de preparación: 2 min.

El tiempo de cocción: 15 min

Preparación:

Precalienta el horno a 190C modo fan / gas 5.

Mezcla todos los ingredientes juntos durante 30 segundos. Rocía la bandeja de pan con aceite de oliva y luego coloca encima cuatro panecillos. Lleva al horno durante 15 minutos.

Retira del horno, déjalos enfriar y sirve con el vaso de leche.

Valor nutricional por porción (incluye leche): 330kcal, 28g de proteínas, 37g carbohidratos (9g de fibra, 13g de azúcar), 6g de grasa (5g saturada), 37% calcio, hierro del 22%, 19% magnesio, 12% vitamina A, 34% vitamina D, 44% vitamina B1, vitamina B2 de 66%, 25% vitamina B5, 11% vitamina B6, 24% vitamina B12.

12. Pan tostado con salmón y aguacate

¿Estás en un duro entrenamiento en un breve lapso de tiempo? Sólo te llevará 5 minutos para armar este sabroso desayuno. Tanto el salmón como el aguacate tienen alto contenido de ácidos saludables y esta comida tiene suficiente proteína y carbohidratos para mantenerte motivado.

Ingredientes (2 porciones):

300g ahumado salmón

2 medianas maduros aguacates, apedreado y pelado

½ limón (Jugo)

Hojas de estragón un puñado, picado

2 rebanadas de pan de trigo entero, tostado

Tiempo de preparación: 5 min

No hay tiempo de cocción

Preparación:

Corta los aguacates en trozos y mezcla en el jugo de limón. Torcer y doblar los trozos de salmón ahumados, colocarlos en platos para servir, luego esparcir con el aguacate y estragón. Servir con pan de trigo entero.

Valor nutricional por porción: 550kcal, 34g de proteína, 37g carbohidratos (fibra 12g, 4g de azúcar), 30g de grasa (5g saturada), 17% de hierro, magnesio 24%, 25% vitamina C, el 27% vitamina E, 42% 55% vitamina B3, vitamina B5 de 35%, 40% vitamina B6, 35% vitamina B9, vitamina B12 81%, 24% vitamina B2, vitamina K, 16% vitamina B1.

13. Pizza baja en carbohidratos

Olvídate de las rodajas de pizza alta en calorías y carbohidratos y sin nutrientes, puedes reemplazarlo con este delicioso sustituto. Sano y satisfactorio, sólo tarda 20 minutos en prepararse y no sólo es alta en proteína, sino también en minerales y vitaminas.

Ingredientes (1 porción):

1 pequeña Pita de trigo

3 claras de huevo

1 huevo

¼ taza de queso bajo en grasa

1 cebollita en rodajas

¼ de taza de champiñones, picados

¼ de taza de pimientos, picados

2 rebanadas de tocino de pavo, picado

1 cucharadita de aceite de oliva

Sal y pimienta

Tiempo de preparación: 10 minutos

El tiempo de cocción: 10 min

Preparación:

Bate los huevos con una pizca de sal y pimienta y añade las verduras en trocitos.

Dobla los bordes del pan pita para crear un cuenco. Frota en ambos lados con el aceite de oliva y coloca el pan de pita en el grill, con la cúpula hacia abajo. Cocina hasta que se dore y luego dale la vuelta para dorar el lado opuesto.

Vierte la mezcla de huevo en la pita y cocina hasta que los huevos queden casi hechos, añade el tocino de pavo, la cebolla y el queso. Cocina hasta que el queso se derrita y luego sírvelo.

Valor nutricional por porción: 350kcal, 33g de proteínas, carbohidratos 12g (fibra 3g, 4g de azúcar), 15g de grasa (6 saturado), 32% calcio, 19% de hierro, magnesio 15%, 36% vitamina A, 88% vitamina C, 72% 21% vitamina B1, 71% vitamina B2, vitamina K, 22% vitamina B3, 14% vitamina B5, vitamina B6 21%, 25% vitamina B9, 29% vitamina B12.

14. Desayuno de mocha mexicano

En una taza tendrás una corona de avena con una saludable porción de leche de almendras y podrás disfrutar de un desayuno con alto contenido de fibra y de preparación rápida. La pimienta de Cayena es perfecta para añadir un poco de sabor y contraste a la avena.

Ingredientes (1 porción):

½ taza de avena arrollada

1 cucharada de polvo de proteína de chocolate

½ cucharada de canela

½ cucharadita de pimienta de Cayena

1 taza de leche de almendras sin azúcar

1 cucharada de cacao en polvo sin azúcar

Tiempo de preparación: 5 min

El tiempo de cocción: 3 min.

Preparación:

Mezcla todos los ingredientes en un bol apto para microondas. Caliente en el microondas de 2 ½ a 3 minutos y luego servir.

Valor nutricional por porción: 304kcal, 27g de proteínas, 38g carbohidratos (fibra 8g, 3g de azúcar), 7g de grasa, 32% calcio, 15% de hierro, magnesio 25%, 10% vitamina A, 25% de vitamina D, 51% vitamina E, 12% vitamina B1.

15. Panqueques de arándanos y limón

Un desayuno caliente y relleno, esta torta de arándano enriquecida por el sabor a limón es una forma sencilla y sabrosa de obtener esa comida de alta potencia que necesitas para comenzar tu día. Si quieres puedes esparcir una cucharada de yogur griego en la cima de la torta.

Ingredientes (1 porción):

1/3 taza salvado de avena

5 claras de huevo

½ taza de arándanos

1 cucharada de polvo de proteína de suero de leche saborizado

½ cucharadita de bicarbonato de sodio

1 cucharadita ralladura de cáscara de limón

1 cucharada con mezcla de bebida de limón

Spray de aceite de oliva

Tiempo de preparación: 5 minutos

El tiempo de cocción: 5 min

Preparación:

Coloca todos los ingredientes en un recipiente grande, mézclalos y bate hasta que torne una mezcla suave.

Cocina el preparado sobre una capa de spray en una sartén con media-alta temperatura hasta que se formen burbujas en la superficie. Voltéalos y cocina hasta que cada lado esté dorado oscuro. Retirar el panqueque y sírvelos.

Valor nutricional por porción: 340kcal, 47g de proteínas, carbohidratos 37g (6g de fibra, 14g de azúcar), 5g de grasa, 10% hierro, magnesio 25%, 12% vitamina C, 19% vitamina K, 26% vitamina B1, 58% vitamina B2.

Comida pre meditación

16. Arroz Mediterráneo

Convierte la aburrida lata de atún en un delicioso plato que será un comienzo perfecto para una tarde de ejercicio. La alta cantidad de carbohidratos alimentará un entrenamiento exhaustivo y las proteínas reforzarán tus músculos que ayudarán a recuperarte del esfuerzo.

Ingredientes (1 porción):

1 lata de atún en aceite, escurrido

100g arroz

¼ aguacate, picado

¼ cebolla roja, en rodajas

Jugo de ½ limón

Sal y pimienta

Tiempo de preparación: 5 min

El tiempo de cocción: 20 min

Preparación:

Hierve el arroz durante aproximadamente 20 minutos y luego ponlo en un bol con la cebolla, el atún y el aguacate. Agrega el jugo de limón y mezcla todos los ingredientes. Condimenta con sal y pimienta a gusto y sirve.

Valor nutricional por porción: 590kcal, 32g de proteínas, carbohidratos 80g (1g de azúcar, 7g de fibra), 14g de grasa (5g saturada), 22% de hierro, 52% magnesio, 101% vitamina D, 18% vitamina E, 107% 32% vitamina B1, vitamina K, 134% vitamina B3, vitamina B5 de 26%, 39% vitamina B6, vitamina B9, de 15% 63% vitamina B12.

17. Pollo con especias

El pollo es perfecto para una comida orientada a una musculación basada en alto valor proteico. Rica en nutrientes a través de la combinación, esta sencilla y deliciosa comida puede compararse con una porción de tu elección de carbohidratos.

Ingredientes (2 porciones):

3 pechugas de pollo cortadas a la mitad

175g yogur bajo en grasa

5cm de pepino, finamente picado

2 cucharadas tailandés rojo pasta de curry

2 cucharadas de cilantro, picado

2 tazas de espinaca cruda, para servir.

Tiempo de preparación: 5 min

El tiempo de cocción: 35-40 min.

Preparación:

Precalienta el horno a 190C modo / gas punto 5. Pon el pollo en un plato en una sola capa. Mezcla una tercera parte de los yogures, la pasta de curry y dos tercios del cilantro, añade la sal y viértelo sobre el pollo, asegurándote de que la carne está cubierta de forma uniforme. Deja durante 30 minutos (o en el refrigerador durante toda la noche).

Pon el pollo en una bandeja en una asadera durante 35-40 minutos, hasta que se dore.

Calentar agua en una cacerola y la espinaca se marchita.

Mezclar el resto del yogur y el cilantro, agrega el pepino y revuelve. Vierte la mezcla sobre el pollo y sírvelo con las espinacas cocidas.

Valor nutricional por porción: 275kcal, 43g de proteínas, carbohidratos 8g (1g de fibra, 8g de azúcar), 3g de grasa (1g saturada), calcio 20%, 15% de hierro, magnesio 25%, 56% vitamina A, 18% vitamina C, 181% 16% vitamina B1, vitamina K, 133% vitamina B3, 25% vitamina B5, vitamina B6 de 67%, 19% vitamina B9, vitamina B12 22%, 26% vitamina B2.

18. Pan de Pita relleno con huevos

Consigue ácidos grasos omega-3 con este rico plato de salmón. Ricos en vitaminas y minerales, esta comida rellena, es una gran manera de impulsarte con energía y buena alimentación para todo tu día.

Ingredientes (2 porciones):

1 salmón enlatado en agua (450g)

2 huevos

1 cebolleta grande, finamente picada

2 grandes hojas de lechuga

10 tomates cherry

1 cucharada de yogur griego

Un pan de pita de trigo entero grande, cortado por la mitad

Sal marina y pimienta

Tiempo de preparación: 10 minutos

El tiempo de cocción: 10 min

Preparación:

Pon a hervir los huevos, pélalos y córtalos por la mitad y luego retira las yemas y colócalas en un tazón.

Agrega el salmón enlatado, 1 cucharada de yogur, la cebollita y los aliños en la fuente. Mezcla todos los ingredientes y rellena con las claras de huevo. Sirve con pan de pita relleno y con lechuga y tomates.

Valor nutricional por porción: 455kcal, 45g de proteínas, carbohidratos 24g (fibra 3g, 2g de azúcar), 36g de grasa (10g saturada), 59% calcio, hierro del 22%, 21% magnesio, 30% vitamina A, 24% vitamina C, 43% 11% vitamina B1, 36% vitamina B2, vitamina K, 60% vitamina B3, 20% vitamina B5, vitamina B6 de 41%, 20% vitamina B9, vitamina B12 20%.

19.   Envueltos de pollo Cesar

Estas envolturas de pollo hacen una gran comida que permitirá que mantengas tus niveles de proteína altos durante todo el día. Añade algunas espinacas y prepara una comida agradable y más verde.

Ingredientes (1 porción):

85g de pechuga de pollo, cocido al horno

2 tortillas de trigo entero

1 taza de lechuga

Yogurt sin grasa 50g

1 cucharadita de pasta de anchoas

1 cucharadita de polvo de mostaza seca

1 diente de ajo, cocido

½ pepino mediano, picado

Tiempo de preparación: 5 min

Sin cocinar

Preparación:

Combina la pasta de anchoa, el ajo y el yogur. Luego recubre con la lechuga y los pepinos. Divide la mezcla en 2, añade las tortillas y coloca la mitad del pollo en cada tortilla. Envuelve y sirve.

Valor nutricional por porción (2 tortillas): 460kcal, 41g de proteínas, 57g carbohidratos (fibra 7g, 9g de azúcar), 10g de grasa (2g saturada), 11% calcio, 22% vitamina K, 13% vitamina B2, 59% vitamina B3, 12% vitamina B5, 29% vitamina B6, vitamina B12 10%.

CENA PREVIA A LA MEDITACIÓN

20. Espárragos a la parrilla con salmón a la plancha

Un plato clásico, hecho más interesante mediante un adobo de jugo de limón y mostaza, este salmón a la plancha va bien con el espárrago saborizado con ajo. Disfruta de una gran combinación de proteínas y vitaminas.

Ingredientes (1 porción):

140g de salmón

1 ½ taza de espárragos

Para el Adobo:

1 cucharada de ajo, picado

1 cucharada de mostaza de Dijon

Jugo de ½ limón

1 cucharadita de aceite de oliva

Tiempo de preparación: 5 min

Tiempo de cocción: 15 min

Preparación:

Precalienta el horno a 200ºC modo / gas 6.

En un bol, mezcla el jugo de limón, la mitad del ajo, el aceite de oliva y la mostaza, vierte el adobo sobre el salmón y asegúrate de que quede completamente cubierto. Coloca el salmón marinado en la nevera durante una hora aproximadamente.

Corta los tallos del espárrago. Pon una sartén antiadherente a fuego medio/alto, mezcla los espárragos con el ajo restante y cocina durante unos 5 minutos, salteando los espárragos.

Coloca el salmón en una bandeja para hornear y cocina al horno durante 10 minutos y luego sirve con los espárragos como guarnición.

Valor nutricional: 350kcal, 43g de proteínas, carbohidratos 7g (5g de fibra, 1 g de azúcar), 16g de grasa (1 saturado), 17% de hierro, magnesio 20%, 48% vitamina A, 119% vitamina C, 17% vitamina E, 288% 39% vitamina B1, 60% vitamina B2, vitamina K, 90% vitamina B3, vitamina B5 de 33%, 74% vitamina B6, 109% vitamina B9, 75% vitamina B12.

21. Albóndigas de pasta de albóndiga de carne con espinacas

Una comida de pasta con alto valor proteico debido a la carne y su combinación con espinacas. No sólo está lleno de vitamina integral, sino que también contiene una abundante cantidad de magnesio que ayuda a regular la contracción muscular.

Ingredientes (2 porciones):

Para las albóndigas:

170g carne molida magra

½ taza de espinaca cruda, rallada

1 cucharada picada ajo

¼ taza de cebolla colorada, picada

1 cucharadita de comino

Sal marina y pimienta

Para la Pasta:

100g de pasta de espinacas de trigo

10 tomates cherry

2 tazas de espinaca cruda

¼ taza marinara

2 cucharadas de queso de parmesano bajo en grasa

Tiempo de preparación: 15 min

El tiempo de cocción: 30 min

Preparación:

Precalienta el horno a 200 ° C / gas 6.

Mezcla la carne molida, las espinacas crudas, el ajo, la cebolla roja, y condimenta con sal y pimienta a gusto. Mezcla bien con las manos hasta que la espinaca se incorpore completamente con la carne.

Forma dos o tres albóndigas, aproximadamente del mismo tamaño y luego colocarlos en una bandeja para horno y cocínalos durante 10-12 minutos.

Cocina la pasta según las instrucciones del paquete. Escurre la pasta y agrega los tomates, las espinacas y el queso. Añade las albóndigas y sirve.

Valor nutricional por porción: 470kcal, 33g de proteínas, carbohidratos 50g (6g de fibra, 5g de azúcar), 12g de grasa

(5g saturada), 17% calcio, hierro de 28%, 74% magnesio, 104% vitamina A, 38% 11% vitamina C vitamina E, 361% 16% vitamina B1, 20% vitamina B2, vitamina K, 45% vitamina B3, 11% vitamina B5, vitamina B6 de 45%, 35% vitamina B9, 37% vitamina B12.

22. Pechuga de pollo rellena con arroz integral

El arroz integral es una excelente manera de introducir carbohidratos de calidad nutricional a tu dieta. Combinado con el alto valor proteico de la pechuga de pollo y algunas verduras, tienes una deliciosa comida.

Ingredientes (1 porción):

170g de pechuga de pollo

½ taza de espinaca cruda

50g arroz

1 cebolleta picada

1 tomate, cortado

1 cucharada de queso feta

Tiempo de preparación: 10 minutos

Tiempo de cocción: 30 min

Preparación:

Precalienta el horno a 190ºC / gas 5.

Corta la pechuga de pollo a la mitad para que parezca una mariposa. Sazona el pollo con sal y pimienta, luego abre y coloca una capa de espinacas, unas rodajas de tomate y queso en fetas en un lado. Dobla la pechuga de pollo y utiliza un palillo para mantener cerrada la pechuga, entonces hornéalo por 20 minutos.

Hierve el arroz y añade el ajo y la cebolla picada. Llena un plato con arroz, coloca el pollo encima y sírvelo.

Valor nutricional por porción: 469kcal, 48g de proteínas, carbohidratos 46g (fibra 5g, 6g de azúcar), 8g de grasa (5g saturada), 22% calcio, hierro 18%, 38% magnesio, 55% vitamina A, 43% vitamina C, 169% 28% vitamina B1, vitamina K, 103% vitamina B3, vitamina B5 de 28%, 70% vitamina B6, 23% vitamina B9, vitamina B12 17%, 28% vitamina B2.

23. Pasta de calabacín con ensalada de camarón

Un plato de pasta con una porción de calabacita rallada y camarones cocidos al vapor, bien condimentado y con semillas de sésamo. Esta combinación de ingredientes hace que resulte una comida ligera con un contenido de alto valor proteico.

Ingredientes (1 porción):

170g de gambas al vapor

1 calabacín grande, picado

¼ taza de cebolla roja, en rodajas

1 taza de pimientos, en rodajas

1 cucharada tostado mantequilla Tahini

1 cucharadita de aceite de sésamo

1 cucharadita Semillas de sésamo

Tiempo de preparación: 10 minutos

Sin cocción

Preparación:

Corta los calabacines usando una trituradora para hacer un puré crudo.

En un bol, mezcla el aceite de semillas de sésamo con el sésamo.

Coloca todos los ingredientes en un bol grande, vierte la salsa Tahini y espárcela para asegurarte de que todas las partes están cubiertas en salsa. Espolvorea unas semillas de sésamo y sírvelos.

Valor nutricional por porción: 420kcal, 45g de proteínas, carbohidratos 26g (10g de fibra, 12g de azúcar), 18g de grasa (2g saturada), 19% calcio, 47% de hierro, magnesio 48%, 33% de vitamina A, 303% 17% vitamina C vitamina E, 31% 38% vitamina B1, 36% vitamina B2, vitamina K, 38% vitamina B3, vitamina B5 de 13%, 66% vitamina B6, vitamina B9, de 35% 42% vitamina B12.

24. Asado turco con cuscús de trigo entero

A la sartén, esta carne de pavo te asegurará de minimizar el consumo de grasas saturadas. Mezcla un poco el pimiento o champiñones en lugar de cebolla en las albóndigas y sazona con una pizca de ajo molido.

Ingredientes (1 porción):

140 g pavo magro molido

Rojo ¾ taza cebolla, picada

1 taza de espinaca cruda

1/3 taza salsa marinara baja en sodio

½ taza cuscús de trigo entero, cocido

Elección de condimentos: perejil, albahaca, cilantro

Pimienta, sal

Spray de aceite de oliva

Tiempo de preparación: 5 min

Tiempo de cocción: 20 min

Preparación:

Precalienta el horno a 200ºC / gas 6.

Con el sabor de los condimentos y aros de cebollas, característicos de la cocina turca, ahora resulta una opción para ti.

Rocía suavemente los bollitos con aceite de oliva, coloca el pavo molido dentro del Muffin o Magdalena. Marinar el superior de cada albóndiga con la salsa, luego coloca en el horno y cocina durante 8-10 minutos.

Sirve con cuscús.

Valor nutricional por porción: 460kcal, 34g de proteína, 53g carbohidratos (fibra 4g, 7g de azúcar), 12g de grasa (4g saturada), calcio 12%, 15% de hierro, magnesio 10%, 16% vitamina A, 15% 11% vitamina C vitamina E, 16% vitamina K, 11% vitamina B1, 25% de vitamina B3, vitamina B6 16%, 11% vitamina B9.

CAPÍTULO 7: EL PODER DE UTILIZAR VISUALIZACIONES PARA EL FISICOCULTURISMO

¿Qué significa visualizar?

Visualizar es, básicamente, conceptualizar una imagen de algo en tu mente, algo que quieras lograr y encontrar un camino hacia ese objetivo. Fundamentalmente realizarás todo lo que deseas hacer pero lo harás a través de tu imaginación y en tu mente. Como a menudo suele escucharse "Si puedes verlo, puedes hacerlo".

No hay ninguna manera de visualizar bien o mal. Encuentra un lugar cómodo. Siéntate o apóyate en una silla cómoda, alfombra o una toalla de la misma manera que cuando meditas.

Cuando visualizas estás tomando la meditación a otro nivel y utilizarás gran parte del mismo proceso que realizas en la meditación.

Hay muchos tipos de visualizaciones que se pueden hacer. Las tres más comunes son visualizaciones motivacionales, visualizaciones de resolución de problemas y meta orientada mediante las visualizaciones.

Cómo alcanzar una Mentalidad Más Resistente en el Fisicoculturismo utilizando la Meditación

Los atletas, en todos los campos, comúnmente utilizan las visualizaciones en una u otra forma en diversos momentos sin siquiera saber que están haciéndolo. Para algunos, sucede cuando se encuentran despiertos, lo que se conoce como visualizaciones, mientras que para otros, esto puede ocurrir en sueños pero sin control sobre el resultado.

Cuando visualizas, visionas imágenes o videos mentales de lo que deseas ver en tu vida, esto podría incluir:

-Cómo te ves.

-Cómo te vistes.

-Cómo te mueves.

¿Cómo se realiza?

-¿En qué estado mental te encuentras?

-¿Cuáles son los resultados de la competencia?

Te encuentras en control de todo lo que ves en tu mente y puedes diseñar el comienzo y el final como quieras. Ser creativo es útil, ya que las cosas no siempre salen de la forma en que pensamos en la vida real, pero preparándote mentalmente y emocionalmente para los resultados y posibles situaciones, las cosas se tornan más fáciles de manejar cuando llegue el momento de actuar.

Rendimiento máximo es un término utilizado para cuando te sientes "en zona" es lo mejor de ti mismo. Es más fácil de realizar al máximo cuando has preparado tu mente a través de visualizaciones.

¿Por qué visualizar para motivarte?

Algunas personas tienen problemas para encontrar la motivación adecuada bajo presión, para realizar lo que deberían, por sentirse intimidados por su entorno o por otras personas viéndolos. Puedes motivarte a ti mismo a través de las visualizaciones, ordenándote y exigiéndote más detalladamente la manera en que quieres ver los pensamientos en tu mente, desbloquearás así las posibilidades del cerebro para superar el miedo, la ansiedad, el nerviosismo y la presión que te afectan cuando compites.

¿Cuáles son las visualizaciones orientadas a objetivos?

Las Visualizaciones orientadas a objetivos, son imágenes mentales y vídeos que quieres crear en tu cerebro mediante la visualización, que se centran en el logro de un objetivo específico. Esto puede ser: ganar una competición, mejorar tu tiempo de entrenamiento durante mayor carga horaria durante el día, agregar más proteínas a tu dieta, sintiendo menos cansancio (algunos de estos son resultados basados en objetivos y algunos son metas basadas en el rendimiento).

Ambos son importantes al planear tu sesión de visualización.

Esto último es para lo que tú entrenas físicamente, ver los resultados al final de todo el trabajo duro. Mientras realizas las visualizaciones, termina el entrenamiento haciendo la última y más importante parte de la preparación para la competición. Debes preparar tu mente y cuerpo para accionar en tu mejor momento. La nutrición y entrenamiento físico prepararán tu cuerpo. Los patrones de respiración, la meditación y las visualizaciones entrenarán tu cerebro. La combinación de ambos te dará la mayor ventaja competitiva y eso es lo que quiero que tú consigas.

CAPÍTULO 8: MEDITAR PARA OBTENER RESULTADOS MÁXIMOS EN FORMA TRANSVERSAL

La meditación para alcanzar tu máximo potencial, dependerá de tu habilidad para enfocarte en un problema o pensamiento y concentrarte para para ver cómo sería necesario resolver el problema o hasta que identifiques el objetivo de la situación. Esto creará confianza y auto convencimiento para futuras tareas que debas cumplir.

Al meditar y desear lograr los máximos resultados tendrás que seguir estos pasos de la misma y exacta manera en cada meditación. Si cambias o eliminas cualquier paso, acabarás cambiando el resultado de la sesión de meditación.

Estos pasos son:

1: Buscar un lugar tranquilo donde no serás perturbado.

2: Colocar una estera, toalla, manta o silla donde vas a meditar.

3: Asegúrate de que tuviste una comida ligera o merienda una hora antes de meditar.

4: elige una posición en la cual puedas sentirte cómodo durante toda la sesión. Esto podría ser: sentado en una silla, acostado sobre una colchoneta, sentado en posición birmano, loto o mariposa, posición arrodillada sobre una estera, o cualquier otra postura cómoda de meditación de las que he mencionado antes.

5: inicia tu patrón de respiración. Si quieres calma y relajación debes elegir respirar más aire hacia fuera que el aire que aspiras (a excepción de si te encuentras haciendo la meditación como deberías, no trates de controlar tu respiración, pero simplemente debes sentir cómo ingresa el aire en los pulmones y luego en cómo sale de adentro hacia afuera). Por ejemplo, respira en 4 segundos y luego exhala durante 6 segundos. Cuando tratas de energizarte por sentirte demasiado relajado o porque acabas de despertarte, respira más aire que la proporción específica de lo que tú puedes decidir de antemano. Por ejemplo, respirar 5 segundos y 3 segundos. Recuerda, cada secuencia de respiración debe repetirse por lo menos 4 a 6 veces para permitir la respiración, para una mente más lenta y tranquila, y para alcanzar un estado de calma para meditar mejor. Para todos los patrones de respiración respirarás a través de la nariz y el aire saldrá por la boca, con excepción de la meditación en la que el aire entrará y saldrá por la nariz, solamente cuando el foco ya no está en tu respiración.

6: una vez que hayas terminado de completar tus patrones de respiración de la manera explicada en el capítulo de los patrones de respiración, deberás comenzar a centrarte en algo que deseas obtener, alcanzar o simplemente escuchar en tu mente. Te centras en esto tanto tiempo como te sea posible. Las sesiones cortas dan resultados duraderos más cortos, mientras que las sesiones largas tienden a mantener este nivel de concentración incluso después de que termines la meditación. Todos los atletas saben cuándo es hora de actuar, (especialmente cuando se encuentran bajo presión), necesitan mantenerse concentrados y con capacidad de hacer esto por un largo periodo de tiempo, sin perder concentración, lo que permitirá superar a la competencia. **Esta es la diferencia entre los campeones y el resto.**

7: ahora este pensamiento debe evolucionar a un clip de película corta o larga, que deberás crear en tu mente para ayudarte a conseguir lo que quieres en tu mente primordialmente, con el objetivo de eventualmente hacerla pasar a una situación de la vida real. Debes ser tan específico como te sea posible y estar relajado durante el proceso.

Este séptimo paso (de hace crecer el proceso de visualización) es importante (el rodaje), pero no hay nada malo si no lo consigues al principio, puedes mantenerlo simple, pero será necesario que intentes hacer crecer tu visualización.

8: los atletas necesitan utilizar la respiración para terminar sus sesiones de meditación y finalizar como empezaron. Si no tienes que competir en el mismo día, puedes utilizar patrones de respiración lenta como en el ejemplo siguiente:

Patrón de respiración lenta normal: comienza tomando aire por la nariz lentamente y contando hasta 5. Luego, suelta lentamente el aire en cuenta regresiva de 5 a 1. Debes repetir este proceso de 4 a 10 veces hasta que te sientes totalmente relajado y listo para meditar. Los atletas deben centrarse en la respiración por la nariz y hacia fuera a través de la boca, para este tipo de patrón de respiración.

Si tienes que competir el mismo día debes energizar tu mente y cuerpo al final, mediante el uso de los patrones de respiración rápida como la siguiente:

Patrón de respiración rápida normal: comienzo tomando aire por la nariz lentamente y contando hasta 5. Luego, suelto lentamente en cuenta regresiva de 3 a 1.

Debes repetir este proceso de 6 a 10 veces para sentirte completamente relajado pero revitalizado. Los atletas deben centrarse en la respiración por la nariz y hacia fuera a través de la boca para este tipo de patrón de respiración.

Para los atletas que están haciendo meditación de atención plena, deben terminar sus sesiones una vez que meditan enfocados, al finalizar esta forma de meditación no se respira sino más que para calmar la mente y centrarse en un pensamiento específico.

SÓLO FUNCIONA SI USTED ES PACIENTE Y PERSISTENTE EN EL TRABAJO.

Cómo alcanzar una Mentalidad Más Resistente en el Fisicoculturismo utilizando la Meditación

CAPÍTULO 9: MEDITANDO POR LA FUERZA EMOCIONAL

La tensión emocional detrás de cada competencia es abrumadora, cansa y agota. Prepararte para superar el estrés emocional es muy importante y necesario para superar los obstáculos mentales.

Algunos atletas son excelentes pero fallan al entrenar bajo estrés emocional en una competencia, pero meditando puedes mejorar tu relación con este tipo de estrés. Algunos gritan, gritan, se quejan, bajan la cabeza, muestran baja autoestima, aparecen con poca energía, lloran, o incluso se ponen nerviosos. Esto es normal bajo situaciones de presión, pero puede ser un problema resuelto fácilmente a través de la meditación. Echemos un vistazo a algunos problemas y soluciones en los que tú puedes concentrarte al meditar.

¿Por qué me siento inseguro cuando estoy compitiendo?

La inseguridad puede ocurrir por un número de razones. Para algunos, la falta de preparación donde tal vez sientes que no estás seguro para competir. Para este problema solo necesitas prepararte mejor y sentirte listo.

Para otros, la inseguridad llega comparándose demasiado con los demás, en lugar de centrarse en los resultados y la mejora de resultados pasados. Si este es tu caso céntrate en ver tus propias mejoras a través de la formación y la mejor preparación en tu meditación.

¿Por qué llego a enojarme con otros y conmigo mismo mientras compito?

La ira es una reacción común para muchos atletas cuando están bajo presión y sienten que no saben qué hacer. Otras veces la ira puede ser el resultado de la frustración. Algunas personas se enfadan con ellos mismos, otros con la competencia, muchas de ellas con personas cercanas a ellos, y por último no consiguen control sobre los elementos externos a ellos.

Al meditar, puedes superar este problema tratando de concentrarte en aceptar que hay cosas que no puedes controlar y sólo puedes anticiparlos con un plan alternativo (si ocurren). Aceptar las condiciones climáticas, el ruido o retrasos que son posibles de ocurrir pero que también pueden tener diferentes consecuencias en ti, dependiendo del nivel de preparación que poseas.

También habrá circunstancias en las que tendrás el control sobre las situaciones y podrás evitar el enojo.

Si eres alguien que prefiere no tener su entorno cercano cuando compite, simplemente deberás pedirles amablemente que esperen a que termines y luego podrás compartir el triunfo con ellos más tarde. Deben entenderlo si realmente desean lo mejor para ti y así es como debe ser.

Cuando estás enfadado porque no estás compitiendo cómo crees que podrías, la meditación ayudaría sin duda a planificar mejor las cosas, mediante el uso de tu tiempo meditando para preparar un camino o un proceso paso a paso a seguir, que te dará la mejor oportunidad posible de realizar y desarrollar tu verdadero potencial.

¿Por qué estoy tan asustado durante una competición?

El miedo es una de las afecciones más comunes que sufren todos los atletas. Es una emoción humana en reacción a una amenaza. El miedo viene en diferentes formas y tamaños. Algunos tipos de temor se basan en acontecimientos o cosas que no existen, pero se crean en tu mente.

A menudo son cosas posibles pero que nunca podrían suceder en la realidad, en absoluto. Me permito repetir la última parte "es posible pero nunca podría suceder realmente, en absoluto".

Los miedos de los resultados futuros son un desperdicio de energía que se drenan emocionalmente. Los resultados futuros son el resultado del actual planeamiento y preparación adecuada. Si te concentras en resultados basado en metas y en lograrlas durante la competición, la mayor parte del tiempo obtendrás los resultados basados en tus objetivos.

Por ejemplo, enfocarse en ser positivo y adaptable sin importar la situación, podrá superar tus condiciones difíciles y muchas veces tiene un resultado positivo al final, principalmente porque no dejas de creer en ti mismo y no te rindes.

El temor puede también ser debido a una amenaza actual, pequeña en la naturaleza, pero por creerlo tanto terminas construyendo incluso un problema enorme y un gran temor. Nunca dejes que esto pase, porque harás imposible que tu mente pueda superar una situación como esta. Si estas subiendo una colina, no lo veas como el Monte Everest porque querrás dejar el reto, incluso antes de empezar.

Dar a cada circunstancia y al problema, la atención que se merece y no más. Medita en centrarte en una cosa a la vez, una vez que hayas terminado con él concentrate en otra cosa.

No tienes que analizar sobre cientos de resultados, cuando podría haber menos de un 1% de probabilidades de lo que tal cosa ocurra.

Cuando meditas tratas de verte a ti mismo en una imagen diferente. Usar tu mente para verte a ti mismo como lo deseas. Por ejemplo, podrías elegir verte a ti mismo como una persona segura, audaz y agresiva.

Otros no dan más crédito que el que les corresponde. Es mejor ser presumido que ser temerosos, y ser seguro de sí mismo es mejor que ser presumido. Encontrar el equilibrio adecuado y construir esa imagen en tu mente, así como tratar de vivir esa imagen sobre una base diaria.

Me siento tan nervioso cuando estoy bajo presión, ¿por qué es esto?

Sentirse nervioso puede ser algo bueno, que puede tener un efecto positivo sobre la mente y el cuerpo.

¿Te preguntas cómo pueden los nervios ser buenos?

Para algunas personas, el nerviosismo puede sacar lo mejor de sí mismos y competir mejor de lo que lo harían normalmente. En otras circunstancias, su cuerpo podría desencadenar adrenalina para mejorar naturalmente sus sentidos y capacidades físicas.

Sentirse nervioso también podría causar el efecto contrario y hacer que te congeles cuando tienes que reaccionar. Este es un problema enorme y muy obvio.

Cuando meditas a menudo, mejora tu patrón de respiración y aprendes a controlar el flujo de aire en tu cuerpo. Esta es una habilidad muy útil que tiene un poderoso efecto sobre tus emociones y sistema nervioso en general.

Son tres cosas que puedes hacer cuando estás bajo presión:

1. respira hondo y ralentiza tu ritmo cardíaco. (La meditación mejora considerablemente esta práctica y te prepara mejor para cuando estés nervioso).

2. permanece activo (la reacción opuesta sería quieto o "congelado" que es malo. Mantente activo haciendo lo que tengas que hacer para conservar la calma).

Algunas personas mastican chicle o semillas de girasol, otros mueven sus pies, y algunos escuchan música, mientras que otros intentan distraerse antes de competir leyendo libros o hablando con otros. Hay muchas maneras de mantenerse activo pero tienes que elegir una que sea adecuada para ti.)

3. Pensamiento positivos (la meditación a menudo se utiliza para retardar la mente y relajar el cuerpo, que permite entonces que tu cerebro pueda concentrarse en pensamientos productivos que deben ser positivos. Usa la meditación para ayudarte a ser más positivo mediante la práctica de este tipo de estructura mental en tus sesiones.)

Cómo alcanzar una Mentalidad Más Resistente en el Fisicoculturismo utilizando la Meditación

CAPÍTULO 10: MEDITANDO POR LA FORTALEZA MENTAL

¿Qué es la fortaleza mental?

Ser mentalmente fuerte puede significar muchas cosas, pero para los atletas significa no caer bajo presión y bajar la cabeza, reto que se logra con el poder de la mente.

¿Es importante la fortaleza mental?

Sí, es muy importante. Cuando te conviertes cada vez en un practicante más avanzado notarás que tu cuerpo sólo puede llevarte hasta hoy y que la mente es la que tiene que tomar el control sobre el futuro. Ser mentalmente fuerte permitirá tomar el control de estos resultados futuros y lo empujará al límite gracias a los esfuerzos realizados con la meditación para lograr fortaleza mental.

¿Cómo puedo usar fortaleza mental en el fisicoculturismo?

En el fisicoculturismo, la fortaleza mental es una habilidad que necesita ser desarrollada con el tiempo, pero eso se verá únicamente en el momento de la acción. La fortaleza mental puede utilizarse de muchas maneras: para mantener la calma bajo presión, o también puede ser utilizado con el objeto de mejorar tu rendimiento. Por último, puede ser utilizado para sobrevivir a la competencia cuando sientes que tu cuerpo ya no puede ir más lejos.

Tres ejemplos de habilidades de fortaleza mental que podrías desarrollar tu meditación al respecto:

1. Usando vocabulario mental adecuado. La mayoría de nosotros tenemos conversaciones internas con nosotros mismos y las palabras que usamos tienen un impacto enorme en nuestras acciones. Diciendo a tu cuerpo "no rendirse" es un ejemplo de tener un vocabulario mental negativo. Si le dices a tu cuerpo "seguir adelante", estarías utilizando un vocabulario mental positivo. Con el primero, tu cerebro busca palabras clave y en este caso Oye las palabras "renunciar" a pesar de que estás tratando de forzarlo a oír "no renunciar". Esto es simplemente cómo funciona el cerebro. En el segundo ejemplo, el cerebro escucha las palabras clave "sigue adelante" y continúa yendo. La solución no es la extensión de la orden, simplemente las palabras clave que utilizas. No te acerques usando palabras que podrían permitir que el cerebro asocie con las acciones que no quieres que sucedan.

2. Proyectar una imagen segura de ti mismo. Con los pies rectos, las manos relajadas, tu cara con un aspecto más distendido, seguro de ti mismo y mostrando a la competencia que ya estás listo para lo que deba atravesarse, cambiará cómo enfocas la mente ante cualquier situación conflictiva y sus resultados potenciales. Esto es cierto 10 de cada 10 veces. Proyecta una imagen segura de ti mismo y tu cerebro se prepara para pensamientos que crearán confianza en tus acciones.

3. Vista previa de tus acciones. Haciendo cosas por puro instinto o tener una idea de lo que sería la manera perfecta de hacerlos, son dos enfoques totalmente diferentes a una circunstancia, pero a veces uno puede ir bien mientras que el otro va a funcionar mejor incluso con mayor frecuencia. Pre visualiza tus acciones antes de realizarlas, significa algo similar al uso de las visualizaciones anteriores, pero la diferencia es que creas la imagen mental corta de lo que quieres hacer correctamente antes de hacerlo. IMAGEN INSTANTÁNEA, ACCIÓN INMEDIATA. Cierra los ojos por 1, 2 o 3 segundos, si el tiempo permite agregar unos segundos más e imagínate que te ves a ti mismo realizando la acción que deseas concretar y luego abre los ojos y realiza esta acción en ese instante. Te darás cuenta que eres mucho más preciso con tus acciones que nunca antes.

Recuerda, al meditar para obtener fortaleza mental, practicarás las habilidades detalladas anteriormente para que puedas aplicar condiciones fuerza y dureza mental para superar esos retos por los que otros luchan.

CAPÍTULO 11: MEDITAR PARA RESOLVER PROBLEMAS

¿Qué significa meditar para resolver problemas?

Bueno, si tienes un problema, el cerebro podría tener la solución, pero cuando estás ocupado pensando en un millón de cosas y haciendo otras 10 al mismo tiempo, consciente o inconscientemente, esto será imposible. Si consigues ralentizar tu pensamiento y calmar tus emociones a través de la meditación y las técnicas de respiración adecuadas, será más fácil concentrarse en un problema, en un momento determinado y encontrar alternativas o posibles soluciones para resolver el inconveniente.

Eso es lo que la meditación hace mejor. Rompe cosas, hasta una simple idea o pensamiento concentrándote sólo en esto. Estos pensamientos pueden ser pensamientos simplemente positivos o ideas, o podría ser que debes encontrar soluciones para determinada situación.

Cuando creas un momento específico para meditar, también te encuentras creando tiempo para resolver un problema que tienes, de lo contrario no tendrías un tiempo dedicado a esto.

Es otro resultado positivo de la meditación y que la mayoría de los atletas no consideran, perdiendo la oportunidad de tener alguna posibilidad de encontrar alternativas a los errores de toda la vida, que nunca se corrigen puesto que eligen no meditarlos.

¿Qué tipos de problemas puedo solucionar al meditar?

Cualquier problema que puedas tener puede ser analizado a través de la mente, y a veces encontrarás una solución inmediatamente, mientras que otras veces tomará mucho más tiempo. El cerebro tiene la capacidad para encontrar lo que estás buscando si te tomas el tiempo para centrarte en ello. El problema ocurre cuando no tomas el tiempo para dedicarte a la búsqueda de una solución o en otorgarle la atención adecuada que la situación merece.

¿Por qué meditar puede resolver problemas importantes para mí?

Como deportista, constantemente te encuentras desafiado y presionado, lo que significa que constantemente recibes nuevos problemas para resolver casi a cada segundo, minuto, o momento.

No prepararte para superar estos nuevos retos, es permitirle a la suerte ser más valiosa que tu propia capacidad mental para resolver y anticiparte a la situación.

Este no debería ser el caso. Recuerda que "La suerte llega a quienes están preparados". Debes estar preparado para tener suerte en el momento indicado.

Cinco cosas a tener en cuenta al resolver problemas:

1. nunca sobre analizar, hasta el punto donde se convierta en un problema mayor que sea realmente incomprensible.

2. siempre deja la mente intentarlo de nuevo cuando no encuentre una solución al instante durante la meditación. Encontrarás una solución en la segunda o tercera vez que medites sobre el mismo problema.

3. todo problema tiene solución. La meditación te ayudará a buscar una solución a un problema pero ten en cuenta que si necesitas de alguien, es mejor resolverlo siendo siempre humilde, lo suficiente como para aceptar asesoramiento o a buscar ayuda.

4. no todos los problemas necesitan ser solucionados. Si algo es tan minucioso o pequeño en tamaño que no merece ninguna atención, intenta evitarlo y pasar a las cosas importantes que van a causar mayor impacto en los resultados que esperas para tu futuro.

5. meditando, la voluntad te ayudará a resolver muchos problemas, pero a veces visualizar voluntad lleva a un paso más adelante, que a menudo sucede cuando necesitas ver imágenes y videos mentales con más fuerza de lo que está pasando realmente.

Recuerda, meditar para resolver problemas es de gran utilidad para la meditación, pero no es el único uso. Usa tu tiempo sabiamente cuando medites para que disfrutes al máximo, ya que la mente te dará la mejor concentración de calidad, en un intervalo de tiempo específico y luego el resto del tiempo no será tan productivo, allí es cuando debes reconocer el final de la meditación y necesitas finalizar la sesión.

COMENTARIOS FINALES

Meditar es el siguiente nivel de evolución para los atletas y deportistas.

El entrenamiento físico seguirá siendo la norma, y nuevas y mejores formas de entrenamiento seguirán viniendo, pero la evolución de la mente será el mayor en impacto, llegando a miles y cientos de miles de personas en los años venideros. Mejorar mentalmente a los atletas es el futuro y en esto puedes ser el primero en sumarte o el último, depende simplemente de ti. ¡Tú decides! Empezar a ver tu vida cambiando mediante los efectos que la meditación reflejará en ti.

Cómo alcanzar una Mentalidad Más Resistente en el Fisicoculturismo utilizando la Meditación

OTROS TÍTULOS DEL AUTOR

The Ultimate Guide to Weight Training Nutrition: Maximize Your Potential

By Joseph Correa

Becoming Mentally Tougher In Bodybuilding by Using Meditation: Reach Your Potential by Controlling Your Inner Thoughts

By Joseph Correa

www.ingramcontent.com/pod-product-compliance
Lightning Source LLC
Chambersburg PA
CBHW070146080526
44586CB00015B/1864